Sviluppare Web App con Sencha Touch

Impara a sviluppare una **Web App** completa con **Sencha Touch** partendo da zero pronta per gli App Store **(Android, iOS, Windows)**

Cosimo Palma

Sviluppare Web App con Sencha Touch

Copyright © 2016 Cosimo Palma

Appacademy.it

ISBN-13: 978-1534938366

ISBN-10: 1534938362

Autore

"Le idee migliori non vengono dalla ragione, ma da una lucida, visionaria follia."

Erasmo da Rotterdam

Inizia a lavorare come sviluppatore freelance nel 1999 e ad approfondire i linguaggi di sviluppo usati sia nel mondo desktop e che in ambito web.

Nel 2007 si laurea in Ingegneria Elettronica presso il Politecnico di Torino. Dal 2007 inizia a lavorare come consulente presso aziende automotive, aerospace, ferroviario e IT.

Nel 2010 fonda insieme ad altri 3 soci Dofware, un'azienda orientata allo sviluppo progetti in ambito modellazione e simulazione di sistemi multifisici. Dal 1999 a oggi continua a seguire diversi progetti in ambito web. Nel 2015 fonda AppAcademy.it (http://www.appacademy.it): realtà dedita alla formazione in ambito sviluppo mobile.

Dove trovarmi:

mail: cosimopalma@appacademy.it

facebook: www.facebook.com/appacademy.it

linkedin: it.linkedin.com/in/cosimopalma

twitter: twitter.com/AppAcademyIT

SOMMARIO

0. Prefazione

"Le menti creative riescono a sopravvivere anche ai peggiori sistemi educativi."

Anna Freud

Il mondo dei framework Javascript è in costante movimento. Quasi ogni giorno sono pubblicate nuove librerie e pacchetti, ma come in ogni altro mercato, solo pochi di questi hanno la possibilità di raggiungere un vasto consenso di pubblico. Sencha Touch è, senza dubbio uno dei frameworks che hanno ricevuto un ampio consenso e apprezzamento. Il framework è stato rilasciato al pubblico nel 2010 e dopo tre anni è divenuto il framework JavaScript touchscreen più avanzato tra quelli oggi disponibili. L'obiettivo di questo libro è quello di fornire un percorso pratico per approcciare la complessità di questo ambiente, permettendo agli sviluppatori di creare web application, di impacchettare e distribuire le applicazioni per i dispositivi iOS, Android e Windows® Phone.

0.1 Questo libro è per te se

- Vuoi imparare a sviluppare app per diverse piattaforme

- Vuoi imparare a sviluppare web app

- Vuoi avere un quadro generale del framework Sencha Touch e degli strumenti che ne ruotano attorno

- Vuoi imparare a sfruttare le potenzialità del framework Sencha Touch iniziando con il piede giusto

- Vuoi creare applicazioni per dispositivi iOS utilizzando Sencha Touch (anche senza avere un Mac o Xcode)

- Vuoi creare applicazioni iOS da Windows

- Vuoi creare applicazioni per dispositivi Android utilizzando Sencha Touch

- Vuoi capire come usare PhoneGap e PhoneGap Build con Sencha Touch

- Vuoi distribuire la tua applicazione sviluppata con Sencha Touch e impacchettata per i dispositivi iOS sull'App Store di Apple

- Vuoi distribuire la tua applicazione sviluppata con Sencha Touch e impacchettata per i dispositivi Android su Google Play

- Vuoi distribuire la tua applicazione sviluppata con Sencha Touch e impacchettata per i dispositivi Windows Phone su Windows Phone Store

In generale questo libro è per te se non conosci per niente questo framework o hai da poco iniziato a studiare Sencha Touch, se vuoi sviluppare un' applicazione mobile e non sai da dove partire.

0.2 Prerequisiti

Sencha Touch è un framework basato su JavaScript, sarai facilitato nello studio se hai già una conoscenza di base di Javascript e se ti trovi già a tuo agio con i concetti di programmazione ad oggetti. Altri concetti che è bene conoscere sono: CSS3, HTML5, JSON. Se sei totalmente a digiuno con questi temi il tuo percorso di apprendimento attraverso questo libro sarà più lento, ma ti fornirò le informazioni per approfondire i concetti necessari.

0.3 Come usare questo libro

Questo libro è basato su un corso di formazione di 3 giorni intensivi erogato a sviluppatori web, mobile e ad aziende che vogliono ampliare la loro offerta di servizi aggiungendo questa tecnologia. Ogni capitolo è costruito per dare qualcosa al lettore/studente del corso. In ogni capitolo imparerete dei concetti nuovi che metterete subito in pratica attraverso esempi pratici. Per rendere lo studio più interessante ho pensato di non preparare degli esempi finalizzati solo ad applicare il concetto teorico, ma di utilizzare i concetti che imparerete in ogni capitolo per costruire i mattoncini di un'applicazione reale più complessa. In questo modo alla fine del percorso avrete realizzato un'applicazione già con un sufficiente grado di complessità che potrete fruire online attraverso un browser o impacchettarla generando applicazioni native per le piattaforme mobile più comuni (iOS, Android, Windows Phone) Ogni capitolo sarà corredato da codice sorgente. Ogni cartella conterrà il codice sorgente degli esempi presentati nel libro.

Una volta che nelle vostre mani avrete il codice sorgente e il libro avrete tutto il materiale per partire con questa avventura.

0.4 Temi trattati nel libro

Il libro è strutturato in due parti, e comprende 20 capitoli più questa introduzione.

Parte 1

Capitolo 1. **Introduzione a Sencha Touch**. Vedremo le opzioni a disposizione dello sviluppatore mobile e inizieremo a scoprire il mondo Sencha Touch.

Capitolo 2. **Installazione degli strumenti per lo sviluppo**. Installeremo il software necessario per sviluppare e il software opzionale che risulterà utile.

Capitolo 3. **Prima applicazione: il processo di sviluppo**. Creeremo il primo progetto *Hello World*, analizzeremo le cartelle generate e vedremo come fare test e debug dell'applicazione.

Capitolo 4. **Le basi di Sencha Touch**. Saranno descritte le classi del framework, come fare riferimento ai nodi del DOM, come gestire gli eventi.

Capitolo 5. **I Componenti di Sencha Touch**. Partiremo con la costruzione delle interfacce, inserendo Panels, Buttons, Templates e analizzeremo il ciclo di vita dei componenti.

Capitolo 6. **Gestione dei Layout**. Vedremo le possibilità che Sencha Touch ci mette a disposizione per organizzare i componenti sull'interfaccia.

Capitolo 7. **Navigare tra le schermate**. Vedremo due architetture di navigazione per la nostra applicazione: la navigazione con i TabPanel e la navigazione per mezzo del componente NavigationView.

Capitolo 8. **Mappe e Popup**. Impareremo ad usare le mappe di Google nelle applicazioni, ad inserire immagini, messaggi testuali e a gestire popup.

Capitolo 9. **Form Panel**. Faremo pratica con i form, che tornano utili quando vogliamo che l'utente inserisca delle informazioni. Vedremo i diversi campi che possiamo utilizzare nel Form, vederemo come inviare il form e come prendere le informazioni presenti nel Form.

Capitolo 10. **Data Store**. Impareremo a lavorare con gli store, molto utilizzati nelle applicazioni Sencha Touch.

Capitolo 11. **Model**. Impareremo a lavorare con i modelli dei dati per creare applicazioni di facile manutenzione.

Capitolo 12. **Connessioni Remote**. Impareremo a lavorare con i modelli dei dati per creare applicazioni di facile manutenzione.

Parte 2

Capitolo 13. **Il processo di sviluppo**. Creeremo il progetto Sencha Touch dell'applicazione che ci accompagnerà nella seconda parte e analizzeremo il processo di sviluppo.

Capitolo 14. **ATOApp: Navigazione, Liste e Mappe**. Inseriremo due architetture di navigazione delle schermate dell'app e approfondiremo le conoscenze su liste e mappe.

Capitolo 15. **XTemplate e NavigationView**. In questo capitolo realizzeremo la schermata di dettaglio della nostra applicazione e implementeremo le funzioni per gestire le transizioni sugli eventi di tap sull'item della lista e tap sul marker nella mappa.

Capitolo 16. **Web App Multilingua**. In questo capitolo vedremo come localizzare la nostra applicazione basata su Sencha Touch. Vedremo come localizzare i messaggi specifici del framework e i messaggi della nostra applicazione.

Capitolo 17. **Profili: UX differente in base al dispositivo**. L'obiettivo di questo capitolo è quello di realizzare una user experience per tablet da aggiungere a quella già creata, che renderemo disponibile agli smartphone, e di fare in modo che il dispositivo utilizzi la user experience adatta.

Capitolo 18. **Popup e impostazioni**. Impareremo a creare dei popup, ad attivarli e ad utilizzarli per dare la possibilità all'utente di modificare le impostazioni della web app.

Capitolo 19. **Temi e Stili**. Impareremo a creare temi per la nostra applicazione, in modo che si presenti più accattivante. Vedremo come usare dei font e icone custom.

Capitolo 20. **Creare un pacchetto nativo**. Vedremo diverse metodologie per creare pacchetti nativi. Vedremo come creare i nostri pacchetti nativi anche senza avere installatto l'sdk del sistema operativo per il quale vogliamo creare l'applicazione. Ossia vedremo come creare un'app per iOS senza avere un Mac e relativo sdk (xCode) installati, discorso equivalente per le altre piattaforme.

0.5 Download del codice degli esempi

Potete scaricare il codice sorgente necessario allo studio da questo link: http://www.appacademy.it/download/sviluppare-web-app-con-sencha-touch-source-code/. Per scaricare i sorgenti usate il codice che trovate alla fine del libro, nell'appendice 1. Nella cartella che scaricherete saranno presenti tutti i progetti presentati nel libro.

0.6 Feedback dei lettori

I feedback dei lettori sono sempre benvenuti. Fatemi sapere cosa pensate di questo libro, cosa vi piace e cosa non vi piace. I vostri feedback sono importanti per me per permettermi di sviluppare temi dai quali i lettori possano trarne il massimo vantaggio e per orientare le scelte dei prossimi libri nella direzione dei vostri desideri e necessità. Potete inviare i vostri feedback direttamente a me, alla email cosimopalma@appacademy.it .

Canali per rimanere in contatto

Se vuoi contattarmi o semplicemente rimanere in contatto puoi usare il canale che preferisci:

linkedin: it.linkedin.com/in/cosimopalma
email: cosimopalma@appacademy.it
facebook: www.facebook.com/appacademy.it/
twitter: https://twitter.com/AppAcademyIT

Come contattare l'autore

Puoi contattarmi attraverso il sito web www.appacademy.it o tramite e-mail all'indirizzo cosimopalma@appacademy.it

0.7 Errata corrige

È stato messo tutto lo sforzo possibile per evitare errori sia nel testo di questo libro che all'interno del codice. Tuttavia nessuno è perfetto e gli errori si presentano. Se trovate un errore, sia errori di battitura che errori all'interno di pezzi di codice, vi sarò molto grato se vorrete darmi un feedback inviandomi una mail a cosimopalma@appacademy.it , saranno verificate le informazioni e sarà pubblicata una soluzione nella sezione Errata Corrige del sito, le correzioni definitive saranno inserite nella successiva edizione del libro, ma saranno disponibili per il download nella modalità con la quale avete scaricato il codice sorgente.

Parte 1

Capitolo 1. **Introduzione a Sencha Touch**. Vedremo le opzioni a disposizione dello sviluppatore mobile e inizieremo a scoprire il mondo Sencha Touch.

Capitolo 2. **Installazione degli strumenti per lo sviluppo**. Installeremo il software necessario per sviluppare e software opzionale che risulterà utile.

Capitolo 3. **Prima applicazione: il processo di sviluppo**. Creeremo il primo progetto Hello World, analizzeremo le cartelle generate e vedremo come fare test e debug dell'applicazione.

Capitolo 4. **Le basi di Sencha Touch**. Saranno descritte le classi del framework, come fare riferimento ai nodi del DOM, come gestire gli eventi.

Capitolo 5. **I Componenti di Sencha Touch**. Partiremo con la costruzione delle interfacce, inserendo Panels, Buttons, Templates e analizzeremo il ciclo di vita dei componenti.

Capitolo 6. **Gestione dei Layout**. Vedremo le possibilità che Sencha Touch ci mette a disposizione per organizzare i componenti sull'interfaccia.

Capitolo 7. **Navigare tra le schermate**. Vedremo due architetture di navigazione per la nostra applicazione: la navigazione con i TabPanel e la navigazione per mezzo del componente NavigationView.

Capitolo 8. **Mappe e Popup**. Impareremo ad usare le mappe di Google nelle applicazioni, ad inserire immagini, messaggi testuali e a gestire popup.

Capitolo 9. **Form Panel**. Faremo pratica con i form, che tornano utili quando vogliamo che l'utente inserisca delle informazioni. Vedremo i diversi campi che possiamo utilizzare nel Form, vedremo come inviare il form e come prendere le informazioni presenti nel Form.

Capitolo 10. **Data Store**. Impareremo a lavorare con gli store, molto utilizzati nelle applicazioni Sencha Touch.

Capitolo 11. **Model**. Impareremo a lavorare con i modelli dei dati per creare applicazioni di facile manutenzione.

Capitolo 12. **Connessioni Remote**. Impareremo a lavorare con i modelli dei dati per creare applicazioni di facile manutenzione

1. Introduzione a Sencha Touch

"La vita è troppo breve per sprecarla a realizzare i sogni degli altri."
Oscar Wilde

In questo capitolo cercherò di rispondere alle seguenti domande:

- Quali opzioni ci sono per sviluppare applicazioni per dispositivi mobile?
- Cos'è Sencha Touch ?
- Per quali piattaforme mobile è possibile sviluppare con il framework Sencha Touch ? Android ? iOS ? Windows Phone ?
- Che tipo di applicazioni è possibile sviluppare ?
- Dove trovare aiuto se si stà sviluppando un'applicazione con il framework Sencha Touch ?

Utilizzando il framework Sencha Touch, gli sviluppatori possono creare un'esperienza utente molto vicina a quella di un'applicazione nativa facendo la build di una web application HTML5. Sencha Touch usa il design pattern MVC. L'app creata può avere un look&feel come le applicazioni native iOS, Android, Windows o BlackBerry, ma è possibile creare un look&feel proprio. Non sarà necessario utilizzare linguaggi nativi come Java, Objective-C o C++, per costruire l'applicazione si userà solo tecnologia client-side come JavaScript, CSS3 e HTML5. È possibile accedere ad un'applicazione Sencha Touch attraverso qualsiasi browser, ma è anche possibile impacchettare l'applicazione è distribuirla sui vari App Store.

1.1 Quali sono le opzioni per lo sviluppatore mobile ?

Quando si decide di sviluppare un'applicazione per dispositivi mobile, la prima scelta da fare è quella di stabilire se svilupparla direttamente nel linguaggio nativo del dispositivo mobile o utilizzare un approccio che permetta di scrivere l'applicazione in un linguaggio non nativo (HTML5, JavaScript, C++, C#,..) e poi "cross-compilarla" e impachettarla per il dispositivo target.

Se scegliamo di sviluppare in linguaggio nativo, dovremo scrivere tante applicazioni quanti sono i sistemi operativi per i quali intendiamo rendere disponibile l'applicazione. Se vogliamo rendere disponibile la nostra applicazione per iOS, dovremo scrivere codice Objective-C, se sviluppiamo per Android dovremmo scrivere codice usando il linguaggio Java per Android. Se invece decidiamo di utilizzare un linguaggio non nativo le opzioni a disposizione sono diverse: **Xamarin, Titanium, jQuery Mobile, PhoneGap, Sencha Touch, Kendo UI, Corona, Unity 3D, Cocos 2D**, sono solo alcune delle opzioni a disposizione.

I motivi che portano a scegliere se sviluppare l'applicazione usando un linguaggio nativo o non nativo sono diversi. Ci possono essere motivi tecnici, ad esempio non si conosce approfonditamente un linguaggio nativo, motivi di tempo e budget, se il cliente chiede che l'applicazione sia compatibile con le piattaforme attualmente più diffuse: Android, iOS, Windows Phone, Blackberry, e si sceglie di sviluppare usando un linguaggio nativo bisognerebbe sviluppare 4 applicazioni distinte e di conseguenza conoscere anche i rispettivi 4 linguaggi nativi; utilizzando un linguaggio non nativo invece si potrebbe sviluppare una sola applicazione e poi "cross-compilarla" per poterla eseguire sulle piattaforme richieste. Un altro aspetto importante che condiziona la scelta è il tipo di applicazione da sviluppare. Se si deve sviluppare un'applicazione che ha la necessità di utilizzare risorse hardware particolari a volte non ci sono alternative all'utilizzo di un linguaggio nativo.

In questo libro tra le varie opzioni a disposizione per sviluppare in linguaggio non nativo tratteremo il framework **Sencha Touch**. I motivi della scelta sono rappresentati dal fatto che Sencha Touch è uno dei frameworks HTML5 più popolari, supporta l'architettura di programmazione MVC, supporta l'accelerazione hardware, ha un proprio packager nativo. Utilizzando il framework Sencha Touch, gli sviluppatori possono creare un'esperienza utente "like" applicazione nativa facendo la build di una web application HTML5. L'app creata può avere un look come le applicazioni native iOS, Android, Windows o BlackBerry. Non sarà necessario utilizzare linguaggi nativi come Java, Objective-C o C++, per costruire l'applicazione si userà solo tecnologia client-side come JavaScript, CSS3 e HTML5. È possibile accedere ad un'applicazione Sencha Touch attraverso qualsiasi browser, ma è anche possibile impacchettare l'applicazione è distribuirla sui vari app store.

Ci sono numerosi approcci per creare applicazioni cross-platform. I più usati sono fondamentalmente due. Il primo metodo consiste nell'eseguire il codice sorgente scritto dallo sviluppatore in una WebView. Il secondo metodo consiste nel compilare il codice sorgente e i vari template che definiscono l'applicazione generando eseguibili diversi a seconda del sistema operativo mobile target. Tipicamente in questo secondo metodo la società creatrice del framework crea un livello di codice tra l'applicazione e il sistema operativo. In fase di compilazione, l'applicazione scritta dallo sviluppatore e questo livello intermedio vengono compilati per creare l'applicazione nativa.

Quindi nella ricerca della tecnologia (o tecnologie, in quanto la scelta è spesso dettata dal risultato finale che si vuole ottenere) per sviluppare l'applicazione cross-platform sulla vostra strada incontrerete:

- Frameworks che utilizzano tecnologie web per renderizzare le applicazioni attraverso i browser (Web Views)
- Framework che offrono un SDK capace di convertire direttamente in codice nativo

Vediamo di seguito alcuni esempi di tools delle categorie presentate sopra.

1.2 Frameworks che utilizzano tecnologie web

Attraverso i frameworks HTML5 gli sviluppatori hanno la possibilità di creare applicazioni mobile simili alle applicazioni mobile native, usando tecnologie web.

Gli utenti delle applicazioni mobile ormai hanno imparato a riconoscere come standard elementi come le liste scrollabili, swipe, animazioni responsive. I frameworks HTML5 fanno molto spesso questo lavoro per noi lasciando lo sviluppatore libero dalla gestione di queste funzionalità ormai quasi standard e imprescindibili per una applicazione mobile. I frameworks HTML5 forniscono la possibilità di salvare dati all'interno di data store usando il local storage dei web browser.

Questo tipo di applicazioni sono fruibili tramite web browser, ma usando tools addizionali di packaging, come PhoneGap o il tool di build fornito da Sencha Touch è possibile impacchettare l'applicazione e distribuirla sui famosi app store.

1.2.1 jQuery Mobile

jQuery Mobile è un framework open source HTML5 tra i più popolari. La sua popolarità è dovuta in parte al fatto che il framework si basa su jQuery, una libreria JavaScript usata largamente in ambito web. Usa una sintassi basata su DOM. Non ha di base molti widget, ma il fatto che sia open source permette di trovare molti widget all'interno della community. Ha una buona documentazione e una vasta comunità. Non ha un'architettura MVC built-in, quindi se si vuole implementare un design pattern si deve utilizzare un framework addizionale. Senza un design pattern applicazioni complesse possono diventare difficili da mantenere. Sencha Touch è ottimizzato per essere eseguito quasi esclusivamente su browser web-kit mentre jQuery Mobile su tutti browsers html. Questo può essere visto più come un vantaggio per Sencha Touch rispetto a jQuery Mobile, infatti questa ottimizzazioni rende le applicazioni mobile sviluppate con Sencha Touch estremamente veloci e fluide quasi quanto le applicazioni native.

1.2.2 AngularJS

AngularJS è un framework JavaScript, che permette la realizzazione di applicazioni Web single page. L'architettura delle applicazioni AngularJS si ispira al patternMVC, ma rispetto ai diretti concorrenti, questo framework è in grado di ridurre in maniera considerevole il codice necessario a realizzare applicazioni HTML/JavaScript.

1.2.3 Kendo UI

Anche Kendo UI è basato su jQuery. È un prodotto sviluppato da Telerik e come Sencha Touch offre un'ampia gamma di widget, effetti e fogli di stile. Questo framework usa il design pattern MVVM (Model-View-View-Model) che aiuta gli sviluppatori a separare i modelli (Model) dalle viste (View). Per il suo utilizzo è richiesta una licenza commerciale e la documentazione non è molto ampia.

1.3 Framework che offrono un SDK capace di convertire in codice nativo

1.3.1 Appcelerator Titanium

Appcelerator Titanium è una piattaforma di sviluppo per applicazioni mobile cross-platform. Le app in JavaScript sono poi tradotte nei linguaggi nativi di iOS, Android, Blackberry, Tizen ed anche in HTML5. Titanium produce applicazioni native multipiattaforma che non girano all'interno di una WebView.

Le applicazioni risultanti saranno più lente rispetto alle applicazioni equivalenti native, ma il tempo di sviluppo, soprattutto se il progetto prevede che siano supportate diverse piattaforme, si riduce.

Titanium usa un interprete JavaScript per interfacciare l'applicazione scritta dallo sviluppatore con il sistema opertivo target. Può risultare difficile fare debug delle applicazioni, e le app prodotte sono più lente di quelle native a causa del tempo introdotto dal livello che astrae il sistema operativo.

1.3.2 Xamarin

Xamarin permette agli sviluppatori di creare applicazioni per iOS e Android scrivendo codice C#. Il miglior vantaggio di questo framework è che compila completamente in codice nativo l'applicazione, permettendo di ottenere prestazioni simili a quelle delle applicazioni native. L'applicazione finale è più pesante di una nativa in quanto è incluso il framework. È un framework commerciale.

1.3.3 Embarcadero

Attraverso le soluzioni di Embarcadero è possibile creare applicazioni per iOS, Android e Windows scrivendo codice C++ o Delphi. Come Xamarin, Embarcadero permette di cross-compilare il codice scritto in C++ o Delphi per ottenere un'applicazione nativa. L'applicazione finale è più pesante di un'applicazione nativa in quanto è incluso il framework. È un framework commerciale.

1.4 Sencha Touch

Sencha Touch è un framework JavaScript, che adotta il paradigma MVC, progettato per creare mobile web application per touchscreen devices. Sencha Touch è concepito come un unico package che include la maggior parte dei servizi offerti dagli altri frameworks e può essere facilmente esteso in diversi modi per venire incontro alle necessità dello sviluppatore. Solitamente non c'è bisogno di usare altre librerie oltre Sencha Touch all'interno del progetto. Gli sviluppatori di Sencha Touch hanno fatto la scelta di supportare soltanto WebKit e di non supportare gli altri mobile browser engine come Gecko (Firefox), Presto (Opera), o Trident (Internet Explorer).

Il supporto esclusivo a WebKit permette a Sencha Touch di usare le più avanzate tecnologie web oggi disponibili. Questa scelta si ripercuote sul fatto che solo Safari o Google Chrome possono essere usati per fare il debug di applicazioni Sencha Touch. Da Sencha Touch 2.3 supporta WebKit, Internet Explorer 10 per Windows 8 e le seguenti piattaforme:

- Android
- iOS
- Windows Phone 8
- BlackBerry

1.4.1 Un pò di Storia su Sencha Touch

Sencha Touch è basato su Ext JS, jQTouch e Raphael (un framework JavaScript/SVG per grafica vettoriale cross-browser). A differenza di jQTouch e jQuery Mobile non dipende da jQuery.

1.4.2 Che genere di applicazioni si possono costruire ?

Apple nelle sue linee guida per il progetto di applicazioni per iOS ha dichiarato che ci sono tre tipologie di applicazioni mobile che possono essere create per l'iPhone:

- Utility apps, come app sulle previsioni del tempo o di informazione finanziaria;
- Productivity apps, come applicazioni business o document-oriented;
- Immersive apps, come giochi.

Seguendo questa tassonomia, Sencha Touch è più adatto per la creazione di applicazioni appartenenti alle prime due tipologie. Tuttavia è certamente possibile creare giochi o altri tipi di apps che hanno una user experience complessa. Con Sencha Touch si possono costruire applicazioni per dispositivi mobile touchscreen, che siano smartphone e tablets, ma può essere usato anche per creare applicazioni desktop.

1.4.3 Perchè scegliere Sencha Touch ?

Usando Sencha Touch puoi:

- Creare applicazioni fruibili da un web browser
- Creare applicazioni fruibili da un smartphone browser
- Creare applicazioni che possono essere installate nativamente su iOS, con o senza l'uso di un MAC e di Xcode
- Creare applicazioni che possono essere installate nativamente su Android
- Distribuire le tue applicazioni attraverso Apple e Google app store
- Integrare le tue applicazioni con popolari servizi come ad esempio Facebook
- Utilizzare risorse hardware del dispositivo come GPS, vibrazione e camera
- Fare quasi tutto cio che può fare un'applicazione nativa, con qualche limitazione

1.4.4 Caratteristiche principali

Sencha Touch è oggi una piattaforma completa per costruire web applications che presenta le seguenti caratteristiche principali:

- Ampia libreria di widget per costruire la User Interface, ispirata ad iOS sia nel design che nelle funzionalità
- Veloce engine di rendering basato su CSS, che può sfruttare l'acceleratore hardware generalmente presente nelle ultime versioni dei dispositivi mobile
- Architettura ben definita, si usa il paradigma MVC anche nei progetti più semplici
- Connettori built-in per servizi di rete, come REST e supporto per mobile web application offline
- Meccanismo di class-loading avanzato, nel rispetto delle linee guida sul naming e del paradigma MVC
- Una command line per la gestione dell'applicazione (build, build native application, merge,..)
- Estesa documentazione, disponibile in HTML

Sencha Touch può essere visto come un framework "all-in-one" che include sia le APIs che i tools necessari per creare l'applicazione mobile.

1.4.5 Supporto a device e browser

Sencha Touch alla scrittura di questo libro supporta:

- iOS dalla versione 3
- Android dalla versione 2.3
- BlackBerry OS dalla versione 6

Sencha Touch è un framework 100% browser based e per questo è agnostico al server. È possibile fare il deploy dell'applicazione Sencha Touch usando qualsiasi tecnologia lato server, come PHP, Java, Ruby on Rails, .NET.

1.4.6 Licensing

Sencha Touch è disponibile "for free" e sarà possibile creare un numero illimitato di applicazioni. Se si vuole usare Sencha Touch per "commercial use", ad esempio per distribuire la propria applicazione su Apple App Store o Google Play, bisognerà registrare prima il proprio indirizzo email. Per progetti Open Source, Sencha Touch è disponibile sotto la licenza GPLv3. Per approfondire gli argomenti legati al licensing potete visitare il sito "Sencha Touch Licensing Options"

1.4.7 Licenza Bundle

È possibile acquistare Sencha Touch in uno dei Sencha bundle. Ognuno dei due bundles include Sencha Touch. L'immagine in basso fornisce un'overview dei pacchetti inclusi in ciascun bundle.

Sencha Complete	Sencha Touch bundle
Sencha Architect	Sencha Architect
Sencha Ext JS	Sencha Touch
Sencha Touch	Sencha Eclipse Plugin
Sencha Eclipse Plugin	Sencha Touch Charts
Sencha Touch Charts	Sencha Touch Grid
Sencha Touch Grid	Sencha Support Package
Sencha Mobile Packaging	
Enterprise Data Connectors	
Sencha Support Package	

Figura 1.1 – Le opzioni di licenza.

*Dal 1° Luglio 2015, il Sencha Touch Bundle non è più disponibile per l'acquisto. Per gli approfondimenti si rimanda alle rispettive pagine dei bundle: Sencha Complete e Sencha Touch bundle. In questo libro useremo la versione free di Sencha Touch. Di seguito un veloce overview di alcuni componenti all'interno dei bundles.

Sencha Architect
Un IDE desktop per lo sviluppo di applicazioni Touch e Ext JS.

Sencha Cmd
Tool a riga di comando per sviluppare applicazioni desktop e touch.

Touch Charts
Utilizzando i Sencha Touch Charts è possibile visualizzare complessi grafici (Cartesiani, Polari ecc..). Tutti i grafici saranno renderizzati in canvas HTML5 e utilizzano l'acceleratore hardware per ottimizzare le performance. I Touch Chart sono inclusi in entrambi i bundles. Esiste anche una versione GPL open source di Touch Charts. Questa versione non richiede licenza, ma le applicazioni sviluppate conterranno un logo/watermark sulla parte bassa di ogni grafico.

1.4.8 Il network di siti Sencha

È possibile registrarsi gratuitamente a ciascuno dei siti del network.

Sencha Market
All'interno del Sencha Market è possibile trovare e condividere Sencha Extensions.

Sencha Devs
Sencha Devs contiene la lista aggiornata degli sviluppatori Sencha di tutto il mondo per permettere a questi ultimi di promuovere i propri skills o per trovare partner per sviluppare progetti. Potete facilmente fare il setup del vostro account e iniziare a condividere i vostri skills.

1.4.9 Le release di Sencha Touch

La prima release di Sencha Touch è stata rilasciata il 17 Luglio 2010 (0.90 beta). La prima versione stabile (1.0) è stata rilasciata nel Novembre 2010. La versione attualmente rilasciata alla scrittura di questo libro e le versione 2.4.2. Questa versione include il supporto per Android, iOS, BlackBerry 10, Kindle, Windows Phone, MS Surface Pro and RT, Chrome Pixel, e dispositivi Tizen. Tra la versione 1.* e 2.*, sono cambiate molte API e molte altre sono state classificate come
deprecate. In questo libro useremo la versione 2.4.2. Per coloro che utilizzano la versione 2.4.1 ho scritto un'appendice per risolvere dei bug presenti in questa versione dopo l'aggiornamento di chrome alla versione 43. I bug sono stati risolti con la release 2.4.2.

1.4.10 Dove trovare aiuto

Sencha ha una community molto attiva e in crescita, il Forum di Sencha www.sencha.com/forum/ è il posto giusto per entrare in contatto con il team di Sencha e altri sviluppatori.

1.4.11 Documentazione e API

La documentazione delle API è disponibile online e anche inclusa all'interno del pacchetto Sencha Touch scaricabile. La documentazione offline si trova all'interno della cartella docs del framework.

1.4.12 Browser Supportati

- Safari
- Google Chrome
- WebKit
- Microsoft Internet Explorer 10+
- BB10 Browser
- Android Browser
- Tizen Browser

- Opera Mobile
- Firefox 21

1.4.13 Software necessario

Per impostare l'ambiente necessario per sviluppare con Sencha avrai bisogno del seguente software:
- Il framework Sencha Touch
- Sencha Cmd. L'installazione di Sencha Cmd richiede: Ruby, Java SE Development Kit (JDK7 o superiore) o Java Runtime Environment (JRE)
- Un web server
- Un editor di testo
- Un browser

Nel capitolo 3 vedremo come fare tutte le installazioni necessarie per avere un corretto ambiente di sviluppo Sencha Touch.

1.5 L'applicazione da realizzare: ATOApp

Nel corso di questo viaggio realizzeremo un'applicazione fruibile da smartphone, tablet e desktop. Realizzeremo due esperienze utente differenti. L'applicazione presenterà le attrazioni di Torino. Se l'utente si collegherà o aprirà l'applicazione da smartphone vedrà la seguente user experience. La lista delle attrazioni raggruppate per tipologia:

Figura 1.2 – L'applicazione "Guida Torino", la prima schermata che presenteremo all'avvio dell'applicazione.

Cliccando sulla mappa potrà vedere le attrazioni di Torino localizzate su una mappa:

Figura 1.3 – Presentazione delle attrazioni sulla mappa.

Cliccando dalla mappa o dalla lista si accede a questa schermata di dettaglio:

Figura 1.4 – Schermata di dettaglio.

Se l'utente si collega da tablet, avremo più spazio a disposizione per presentare le informazioni, quindi lo sfrutteremo diversamente.
L'utente vedrà la seguente esperienza utente:

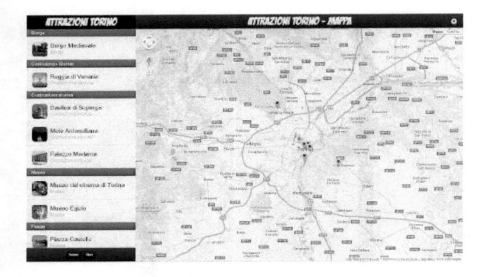

Figura 1.5 – App vista da tablet e desktop.

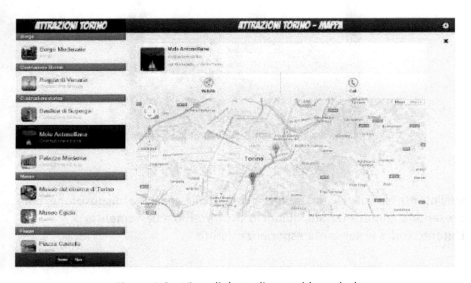

Figura 1.6 – Vista di dettaglio su tablet e desktop.

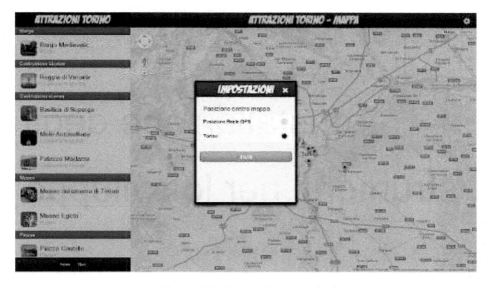

Figura 1.7 – Pop up impostazioni.

Pronti per l'avventura ?

1.6 Conclusioni

In questo capitolo abbiamo iniziato a scoprire Sencha Touch, presentando le caratteristiche principali, abbiamo introdotto i tools che ruotano attorno al framework, abbiamo visto dove cercare informazioni (Documentazione e Forum ufficiale Sencha) e quali applicazioni e per quali piattaforme è possibile sviluppare con il framework Sencha Touch, e infine abbiamo presentato l'applicazione che andremo a realizzare nel corso di questo libro.

2. Installazione degli strumenti per lo sviluppo

In questo capitolo vedremo passo passo l'installazione dei software necessari per sviluppare un applicazione Sencha Touch. La difficoltà di installare l'ambiente Sencha Touch viene dal fatto che bisogna installare diversi componenti, ma non preoccupatevi, di solito non si hanno problemi nella creazione del proprio ambiente di sviluppo Sencha Touch.

2.1 Software necessario per sviluppare

- Un web server, ad esempio XAMPP
- Java Runtime Environment
- Un'installazione di Ruby e RubyGems
- Sencha Cmd
- Il framework Sencha Touch
- Google Chrome o Apple Safari
- Un editor di testo

La lista sopra è tutto ciò che serve per iniziare e vale sia che abbiate scelto di lavorare utilizzando un computer con Linux, OS X o Windows. Essendo Sencha Touch un mobile framework, per cross-compilare l'applicazione sui target ad esempio Android o iOS sarà necessario avere gli SDK di Android e/o iOS. Vedremo nell'ultimo capitolo sia l'opzione per crosscompilare usando l'SDK dell'ambiente target sia una strada alternativa per ottenere applicazioni native per i diversi dispositivi anche senza installare nessun SDK in locale. Per testare le applicazioni sul device sarebbe utile avere anche un dispositivo mobile iOS, Android o Windows target. Per iniziare sarà sufficiente un browser basato su WebKit (ad esempio Chrome) per avviare le applicazioni.

2.1.1 Web Server

È possibile eseguire localmente l'applicazione Sencha Touch che si sviluppa attraverso l'utilizzo di un web server. Consiglio di scaricare XAMPP. Scegliete la versione per la vostra piattaforma e scaricate il software da questo indirizzo:

https://www.apachefriends.org/it/index.html

Figura 2.1 – Il pacchetto XAMPP .

L'installazione di XAMPP è molto semplice, basta un doppio click sull'eseguibile. Una volta installato aprite "XAMPP Control Panel" e avviate Apache cliccando sul tasto "Start". Per verificare che l'installazione sia stata eseguita correttamente, aprite un browser e nella barra degli indirizzi scrivete "localhost". Se l'installazione è andata a buon fine dovreste vedere una pagina come quella in figura sotto:

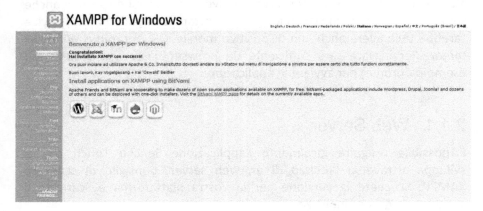

Figura 2.2 – La schermata iniziale di XAMPP.

2.1.2 IDE o Editor

C'è bisogno di un editor che evidenzi, validi e formatti la sintassi JavaScript per sviluppare attraverso il "codice Sencha". L'editor che sceglierete è consigliabile che includa un controllore della sintassi JavaScript come JSLint o JSHint. Scegliete l'editor o IDE che preferite. Tra i più usati ci sono Sublime Text, WebStorm, Aptana/Eclipse, e NetBeans. Io utilizzo Sublime Text per la sua semplicità.

http://www.sublimetext.com/

2.1.3 Web Browser

Avrai bisogno di un browser aggiornato per visualizzare e testare le tue applicazioni Sancha Touch. Le possibili opzioni sono Google Chrome,

Safari, Internet Explorer 10 (o superiore). Attualmente Mozilla Firefox 21 e in una fase di supporto sperimentale. Se non avete preferenze tra i browser supportati, consiglio di usare Google Chrome e di aggiungere i plugin presentati nei paragrafi seguenti.

2.1.4 Plugin: Ripple Emulator

Ripple emulator è un plugin per Chrome che permette di visualizzare la nostra pagina web all'interno di un contenitore mobile che è possibile scegliere. Attraverso questo plugin è possibile verificare come l'applicazione si comporta su differenti schermi.

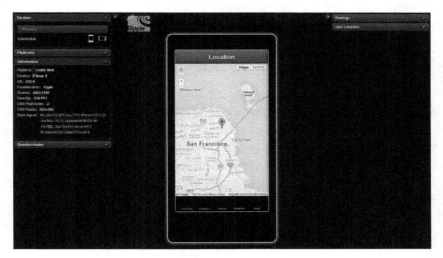

Figura 2.3 – Ripple plugin.

2.1.5 Ruby

Sencha Cmd richiede Ruby per compilare i progetti Sass in CSS nella fase di build dell'applicazione Sencha Touch. Dopo averlo installato verificate la presenza di Ruby nella variabile d'ambiente PATH.

- Mac OS X: Ruby è installato automaticamente

41

- Windows: Scaricate il file
  http://rubyinstaller.org/downloads/ ed eseguitelo

- Unix: Potete usare il comando *sudo apt-get install ruby2.0.0* per scaricare e installare Ruby.

Una volta terminata l'installazione, per verificare che Ruby sia correttamente installato aprite un terminale dei comandi ed eseguite il comando:

ruby -v

Se Ruby è installato correttamente riceverete un messaggio con la versione di Ruby installata e il sistema.

2.1.6 Java

Sencha Cmd è scritto in Java e richiede Java Runtime Environment 1.7 (JRE) o Java SE Development Kit 7 (JDK 7) per poter funzionare correttamente. JDK 7 è usato anche per eseguire il comando **sencha app watch**, che serve a compilare in background l'applicazione Sencha Touch e i fogli di stile Sass ogni volta che si salva l'applicazione. Quindi installiamo JDK7 o superiore che include anche JRE. Potete scaricarla da questo indirizzo:

http://www.oracle.com/technetwork/java/javase/downloads/index.html

Una volta scaricata installatela.

2.1.7 Sencha Cmd

Per sviluppare con Sencha Touch avrete bisogno di avere una copia di Sencha Cmd sulla vostra macchina. Con Sencha Cmd sarà possibile creare un nuovo progetto Sencha Touch, ridurlo al minimo (minify) e produrre l'applicazione finale. Al momento della scrittura di questo libro l'ultima versione disponibile è la 6.x, rilasciata proprio nei giorni di pubblicazione. Nel periodo di stesura del libro ho utilizzato la verisone 5.x, pertanto gli esempi presentati di seguito saranno creati con questa versione di Sencha Cmd.

Se avete una versione precedente già installata consiglio di fare un upgrade. Potete scaricare l'ultima versione di Sencha Cmd da : http://www.sencha.com/products/sencha-cmd/download .

Se utilizzate la versione 6.x i comandi che utilizzeremo non cambieranno. Per verificare quale versione di Sencha Cmd è installata sulla vostra macchina aprite un terminale di comandi e eseguite il seguente comando:

sencha which

Se Sencha Cmd non è installato avrete un messaggio di risposta:

"command not found".

Se invece il tool è installato nella risposta troverete la versione e in quale directory è installata Sencha Cmd. Se sulla vostra macchina è installata una vecchia versione di Sencha Cmd, è il caso di fare un aggiornamento. Il comando per fare l'upgrade è:

sencha upgrade

Terminato l'aggiornamento riaprite una nuova finestra del terminale dei comandi ed eseguite il comando:

sencha

Se l'aggiornamento è andato a buon fine dovreste vedere l'ultima versione di Sencha Cmd.

2.1.8 Sencha Touch

Dopo aver installato tutto il materiale di contorno non ci rimane che scaricare il framework Sencha Touch : www.sencha.com/products/touch/download/.

Dovreste aver scaricato un pacchetto ZIP. Estraete il framework e copiate le cartelle all'interno della cartella htdocs del web server. Rinominate la cartella del framework in touch.

Per verificare che l'installazione è avvenuta correttamente aprite un browser e scrivete l'url :

http://localhost/touch/examples/kitchensink/index.html

Se tutto è andato per il verso giusto dovreste vedere una risposta come quella della figura sotto:

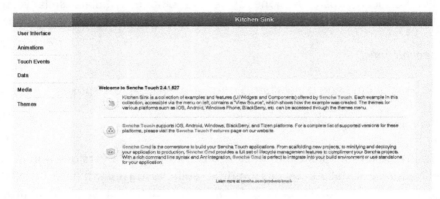

Figura 2.4 – La web app kitchensink.

A questo punto abbiamo tutto il necessario per sviluppare, ma vi chiedo di pazientare ancora un pò e installare il software opzionale descritto nel paragrafo successivo. Vi servirà per diversi scopi: creare temi, modificare temi esistenti, impacchettare la vostra applicazione.

2.2 Sofware opzionale per sviluppare

Se avete installato il sofware visto nel paragrafo precedente avete già il vostro ambiente per sviluppare applicazioni in Sencha Touch. Il software che vi propongo di installare di seguito completerà il vostro ambiente.

2.2.1 Sass e Compass

Per creare gli stili in un'applicazione Sencha Touch, si usano Sass e Compass. Sass è un preprocessore. In pratica lo stile dell'applicazione scritto attraverso Sass viene tradotto per ottenere un CSS comprensibile dal browser. Quando si fa la build dell'applicazione da command line (usando *sencha app build* o *sencha app watch*), Sencha Cmd tra le altre cose compilerà anche il vostro sass producendo il CSS, e in questo scenario non avete bisogno di installare Sass o Compass.

Se volete compilare i vostri file sass separatamente (attraverso il comando compass watch) dovete installare Sass e Compass. Per installare entrambi useremo Ruby già installato precedentemente. Da command line scrivete i comandi:

gem install compass

gem install sass -v 3.1.1

Verificate che l'installazione sia andata a buon fine usando i comandi:

compass -v
sass –v

2.2.2 NodeJS

Installate NodeJS, servirà per creare applicazioni native usando Adobe PhoneGap o Apache Cordova e partendo dalla nostra applicazione scritta in Sencha Touch.

Scaricate : nodejs.org/

Per verificare che l'installazione sia andata a buon fine da un terminale dei comandi scrivete :

node –v

In output dovreste ottenere la versione di nodejs installata.

2.2.3 PhoneGap e Cordova

Per trasformare le applicazioni scritte in Sencha Touch in applicazioni native (hybrid app) è necessario installare Adobe PhoneGap o Apache Cordova. Apache Cordova è free e open source . Dovrete inoltre installare l'ambiente di sviluppo del target per permettere ad Apache Cordova di eseguire il suo lavoro, ossia se dovete compilare l'applicazione per iOS dovrete avere installato sulla vostra macchina Xcode, se dovete compilare l'applicazione per Android dovrete avere installato sulla vostra macchina l'ambiente di sviluppo Android. Attraverso Adobe PhoneGap è possibile fare la build dell'applicazione nel target scelto attraverso un servizio cloud web. Per fare la build via cloud sarà necessario avere un Adobe ID (free) e un account PhoneGap. Vedremo nel dettaglio questi task nell'ultimo capitolo.

Aprite un terminale dei comandi ed eseguite il comando sotto per installare Adobe PhoneGap:

npm install -g phonegap

Quest'altro comando per installare Apache Cordova:

npm install -g cordova

Per verificare che l'installazione sia andata a buon fine usate i comandi:

phonegap -v
o
cordova -v

Se l'installazione è terminata con successo dovreste ottenere come risposta ai comandi sopra li versioni installate.

2.3 Conclusioni

In questo capitolo abbiamo installato il software necessario per sviluppare testare e distribuire le applicazione scritte con il framework

Sencha Touch. Adesso che abbiamo il sistema pronto è ora di iniziare a scrivere codice.

3. Il processo di sviluppo

e prima Applicazione

"Presto o tardi coloro che vincono sono coloro che credono di poterlo fare."
Richard Bach

Partire con il primo progetto in una nuova tecnologia può intimidire perché probabilmente non si ha idea da dove partire, ma passo dopo passo, ora che abbiamo gli strumenti installati, elimineremo queste paure iniziali. In questo capitolo vedremo come creare un progetto Sencha Touch, come eseguirlo e come fare debug.
I task del processo sui quali ci andremo a focalizzare nel corso del libro sono descritti graficamente nell'immagine seguente:

Figura 3.1 – Processo di sviluppo di una web app.

In questo capitolo impareremo a **generare la struttura delle cartelle** e inizieremo a scrivere le nostre prime righe di codice creando la prima applicazione Hello World.

Impareremo a **testare** la nostra applicazione su dispositivi con diversa risoluzione e a fare il **debug** di una web application. Alla fine di questo capitolo saremo in grado di creare un'applicazione come quella presentata nello screenshot in basso.

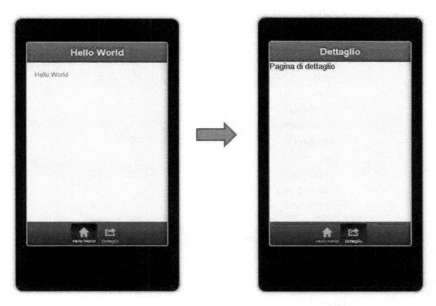

Figura 3.2 – Prima applicazione.

3.1 Prima applicazione: Hello World

3.1.1 Nuovo Progetto

Nel capitolo 2 avete scaricato il framework Sencha Touch, che si presentava impacchettato in un file zip, estraete il contenuto nella cartella puntata dal web server:

C:\xampp\htdocs\touch-2.4.2

Per comodità rinominate la cartella *touch-2.4.2* in *touch*. Quindi, dovreste avere il vostro framewok Sencha Touch nel seguente percorso del filesystem:

C:\xampp\htdocs\touch

Dopo l'estrazione dovreste avere una struttura di cartelle come quella presentata nello screenshot seguente:

Figura 3.3 – Le cartelle del framework Sencha Touch.

Bene! Ora è il momento di generare il progetto. Seguite i passi sotto numerati.

1. Aprite un terminale dei comandi, ed entrate nella cartella appena creata:

    cd c:\xampp\htdocs\touch

2. Per la generazione di un nuovo progetto la sintassi è la seguente:

sencha generate app -name <namespace> -path ../<appfolder>

Eseguite il seguente comando dal teminale dei comandi (ricordo che siete nella cartella cd c:\xampp\htdocs\touch) per generare la nostra web application "Hello World".

sencha generate app -name HelloWorld -path ../HelloWorld

Il comando sopra invoca Sencha Cmd chiedendo la generazione di una nuova applicazione chiamata HelloWorld e la creazione nella directory HelloWorld che si troverà un livello superiore alla directory corrente che è touch.

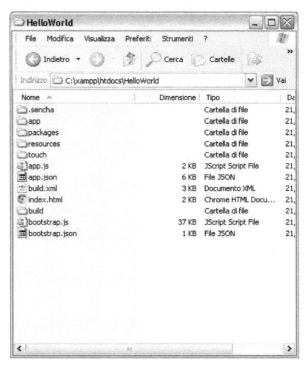

Figura 3.4 – Le cartelle del progetto HelloWorld.

3. Avviate il web server. Ora potete vedere quello che avete creato aprendo il browser Chrome e scrivendo l'indirizzo localhost/HelloWorld nella barra degli indirizzi.

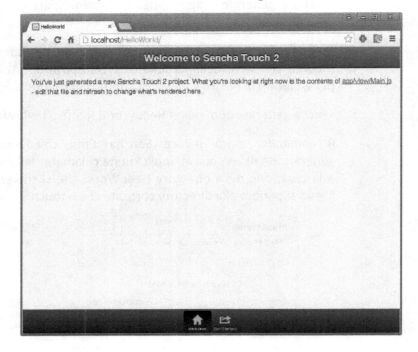

Figura 3.5 – HelloWorld.

3.2 Le cartelle del Progetto generato con Sencha Cmd

- .sencha

Contiene file di configurazione e script Ant per il processo di build con Sencha Cmd. Se non si aggiungeranno nuove cartelle all'interno della cartella app probabilmente non avrete bisogno di toccare il file sencha.cfg (.sencha/app/sencha.cfg) .

- *app*

Questa cartella contiene la struttura di cartelle MVC rappresentata dalle cartelle models, views, controllers, stores, e profiles. Per l'applicazione demo appena generata potete trovare all'interno di app/view/Main.js il tabpanel che avete potuto vedere nel vostro browser lanciando l'applicazione.

- *resources*

Contiene le sottocartelle con i file per i CSS,Sass, icone, immagini, splash screens e assets necessari all'applicazione.

- *touch*

E' una copia dell'sdk di Sencha Touch. Rispetto alla cartella che si trova un livello sopra, non sono inclusi tutti i file del framework, la documentazione e gli esempi.

- *app.json, packager.json e build.xml*

Contengono le impostazioni per il build e la distribuzione dell'applicazione.

- *bootstrap.js e bootstrap.json*

Contengono I metadati per il caricamento dinamico dei dati dell'applicazione. Assicurano che vengano caricati i file corretti nel corretto ordine.

- *app.js*

E' il punto di inizio dell'applicazione MVC.

- *index.html*

E' la pagina html caricata dal browser che viene utilizzata per avviare il caricamento dell'applicazione. Contiene i riferimenti al framework Sencha Touch, al file app.js, e ai CSS.

3.3 Progetto Hello World

Ora che abbiamo lo scheletro della nostra applicazione, iniziamo a plasmarlo per ottenere l'applicazione "hello world" che al termine del nostro lavoro si presenterà come nella figura in basso.

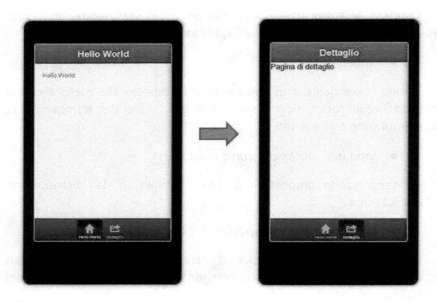

Figura 3.6 – HelloWorld - transizione vista/dettaglio.

Il processo: Quando si avvia l'applicazione viene eseguito *index.html*.

index.html chiama app.js che rappresenta l'inizio della nostra applicazione. Nel metodo launch di app.js viene chiamato HelloWorld.view.Main (app/view/Main.js).

...
```
launch: function() {
    // Destroy the #appLoadingIndicator element
    Ext.fly('appLoadingIndicator').destroy();

    // Initialize the main view
    Ext.Viewport.add(Ext.create('HelloWorld.view.Main'));
```

```
    },
...
```

Fate le modifiche riportate sotto a Main.js

```
Ext.define('HelloWorld.view.Main', {
    extend: 'Ext.tab.Panel',
    xtype: 'main',
    requires: [
        'Ext.TitleBar',
    ],
    config: {
        tabBarPosition: 'bottom',

        items: [
            {
                title: 'Hello World',
                iconCls: 'home',

                styleHtmlContent: true,
                scrollable: true,

                items: {
                    docked: 'top',
                    xtype: 'titlebar',
                    title: 'Hello World'
                },

                html: [
                    "Hello World"
                ].join("")
            },
            {
                title: 'Dettaglio',
                iconCls: 'action',

                items: [
                    {
                        docked: 'top',
```

```
            xtype: 'titlebar',
            title: 'Dettaglio'
        },

        {
            html:'Pagina di dettaglio'
        }
      ]
    }
  ]
 }
});
```

Riavviate l'applicazione nel browser e dovreste vedere una schermata simile alla figura 3.7:

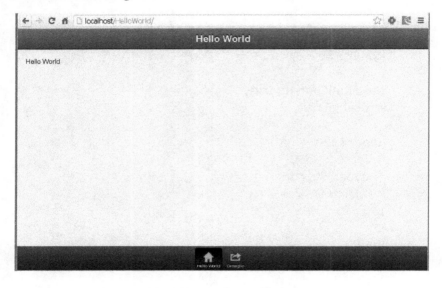

Figura 3.7 – HelloWorld.

Nota: Se volete fare l'upgrade del framework Sencha Touch utilizzato dalla vostra applicazione , scaricate la nuova versione di Sencha Touch dal sito e usate Sencha Cmd dall'interno di una command line con il seguente comando:

sencha app upgrade ../path-cartella-nuovo-sdk

3.4 Test e Debug

Come si vede l'applicazione su dispositivi come smarthone, tablet ?

Per vedere come l'applicazione appena creata si presenta su un dispositivo diverso, cliccate sull'icona del plugin ripple e dopo su enable.

Figura 3.8 – Usare il plugin ripple.

Una volta abilitato il plugin potete scegliere il dispositivo che preferite.

3.4.1 Trovare le cause dei malfunzionamenti

Per fare il debug dell'applicazione usiamo gli Strumenti per sviluppatore di Chrome. Cliccate su *Strumenti -> Strumenti per sviluppatori*:

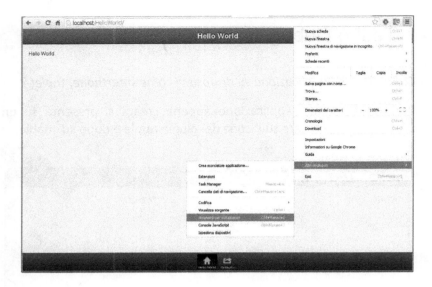

Figura 3.9 – Attivare la console per sviluppatori.

Si attiverà la console che sarà fondamentale per trovare le cause di malfunzionamento all'interno delle vostre applicazioni.

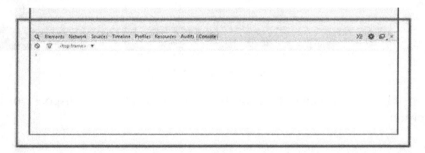

Figura 3.10 – La console per sviluppatori.

3.5 Conclusioni

In questo capitolo abbiamo imparato a generare la struttura delle cartelle, a scrivere la nostra prima applicazione Hello World, a testare la nostra applicazione su dispositivi con diversa risoluzione usando il plugin Ripple, e a fare il debug di una web application per trovare le cause di malfunzionamenti. Se l'applicazione "Hello Word" fosse l'applicazione che volete distribuire sui market, a questo punto potete saltare tutti i capitoli, andare al capitolo 16 per imparare a generare i pacchetti da distribuire sui market.

Forse è ancora un pò presto, questa applicazione non è il massimo per i nostri utenti, è meglio imparare come migliorarla e acquisire gli strumenti per trasformare le nostre idee in applicazioni. I prossimi capitoli saranno più tecnici analizzeremo concetti specifici e per qualche capitolo per concentrarci esclusivamente sul concetto, lavoreremo senza la struttura di cartelle tipica di Sencha Touch, ma con il set minimo necessario di file, proprio per il fatto che l'obiettivo dei prossimi capitoli sarà quello di capire specifiche funzionalità del framework.

Nella seconda parte del libro ritorneremo a lavorare con tutta la struttura di cartelle perché metteremo insieme tutti i concetti imparati per costruire un'applicazione reale, ottimizzarla e distribuirla.

Pronti ?

4. Le basi di Sencha Touch

"Non vediamo le cose per come sono, ma per come siamo."
Anais Nin

In questo capitolo iniziamo la scoperta del mondo Sencha Touch, ma prima di partire a costruire la nostra applicazione reale studieremo i mattoncini necessari a costruire le applicazioni con questo framework. Vedremo come costruire componenti, come fare riferimento a questi componenti e come ascoltare gli eventi generati dai componenti. Successivamente vedremo i componenti "visuali" di un'applicazione Sencha Touch come panels, lists, toolbar, button che estendono la classe Ext.Component.

Questa classe base fornisce ai componenti che la estendono le proprietà relative al layout come height, width, margin, padding, style, la possibilità di definire i contenuti html o di configurare template (tpl). Ogni componente di Sencha Touch può essere renderizzato nel DOM.

A partire da questo capitolo fino alla fine della prima parte del libro non lavoreremo per il momento con tutti i file di un progetto Sencha Touch, ma ci focalizzeremo sui singoli concetti mettendoli in pratica usando un solo file. Nella seconda parte del libro metteremo insieme tutti i concetti appresi e torneremo a lavorare con un progetto Sencha Touch completo e strutturato secondo il paradigma MVC, iniziando il percorso che ci porterà alla creazione dell'applicazione finale.

In questo capitolo vedremo:

- Come istanziare un componente base
- Come implementare templates
- Come fare riferimento ai componenti
- Come fare riferimento ai nodi DOM
- Come generare e rimuovere eventi

4.1 Introduzione alle Classi

Prima di iniziare ad esporre i concetti , apro una parentesi per spiegare come testare il codice che verrà presentato. Negli esempi di questo capitolo trovate index_0.html, questo file sarà la base per i nostri esempi.

```
<!DOCTYPE html>
<html xmlns="http://www.w3.org/1999/xhtml">
<head>
    <title></title>
    <script type="text/javascript">
        // Codice degli esempi
    </script>
</head>
<body>
</body>

</html>
```

Per testare gli esempi ricordate di avviare il vostro web server Apache e di copiare gli esempi nella cartella *documentroot* del web server. Se avete seguito quando esposto nei capitoli precedenti la variabile *documentroot* dovrebbe essere impostata a *C:/xampp/htdocs*.

Bene, ora che sappiamo come testare il codice esposto di seguito possiamo partire con un pò di concetti.

JavaScript è un linguaggio dinamico, questo significa che gli oggetti possono essere creati al volo. Nel linguaggio JavaScript nativo è possibile creare un nuovo oggetto attraverso l'operatore *new*.:

```
var helloworld = new Object();
helloworld.html = "Hello World";
```

Nota: Per vedere il comportamento del codice sopra (il codice completo lo trovate nell'esempio *hello_js.html*), aprite una console di debug nel vostro browser.

4.2 JavaScript e Sencha Touch

JavaScript è un linguaggio che non ha un sistema di gestione delle classi. È possibile programmare in JavaScript per mezzo di oggetti utilizzando le funzioni. Ad esempio è possibile definire una nuova classe chiamata "Component" nel seguente modo:

```
function Component (html)
{
    this.html = html
}

var c = new Component ('Hello World');
c.html="Hello World";
```

Lo stesso risultato si può ottenere in Sencha Touch attraverso il seguente codice:

```
var c = Ext.create('Ext.Component', {
html: 'Hello World!'
});
```

Prima di passare alla spiegazione del codice del listato sopra voglio indirizzare la vostra attenzione sul fatto che nel frammento di codice presentato nel listato sopra abbiamo utilizzato elementi del framework

Sencha Touch come *Ext.create* e *Ext.Component*, ma per poter utilizzare questi elementi sarà necessario specificare la posizione del framework nel filesystem.

Supponendo che abbiate copiato il framework allo stesso livello delle cartelle degli esempi il codice completo di questo primo progetto Sencha Touch è il seguente:

```
<html xmlns="http://www.w3.org/1999/xhtml">
<head>
<title></title>
    <script src="../touch/sencha-touch-all.js"></script>
    <link rel="stylesheet"
    href="../touch/resources/css/sencha-touch.css"/>
    <script type="text/javascript">
        Ext.setup({
        onReady: function () {
        var c = Ext.create('Ext.Component', {
        html: 'Hello World!'
        });
        console.log(c.getHtml());
        }
        });
    </script>
</head>
<body>
</body>
</html>
```

Nel listato sopra è stata creata un'istanza del componente Sencha Touch definito nel framework Sencha Touch ed è stato modificato l'attributo html definito in questa classe. In Sencha Touch si usa il metodo Ext.create() per creare l'istanza di un nuovo oggetto.

Nell'esempio dell'ultimo listato abbiamo istanziato la classe Ext.Component. Questo è possibile perché il framework ha un proprio sistema di classi e un loader di classi. Quando si istanziano componenti, bisognerà dire al Sencha *Ext.Loader* di caricare la classe Sencha corrispondente in memoria. *Ext.Loader* carica correttamente le classi necessarie e le sue dipendenze nel giusto ordine. Quando si crea una nuova classe che necessita di qualche componente è possibile dire a Ext.Loader di caricare le classi Sencha richieste inserendole all'interno dell'array requires. Avremo modo nel corso del libro di mettere in pratica questo concetto che presentato così, soprattutto per chi è all'inizio con la programmazione JavaScript potrebbe essere poco chiaro.

Gli sviluppatori del framework Sencha Touch hanno utilizzato il pattern Singleton per garantire che di una determinata classe venga creata una e una sola istanza, e per fornire un punto di accesso globale a tale istanza. In Sencha Touch la classe padre di tutte le altre classi è *Ext*.

L'implementazione di questo pattern prevede che la classe singleton abbia un unico costruttore privato, in modo da impedire di istanziare direttamente le classi. La classe fornisce inoltre un metodo *getter* statico che restituisce un'istanza della classe (sempre la stessa), creandola preventivamente o alla prima chiamata del metodo, e memorizzandone il riferimento in un attributo privato, anch'esso statico. Quando si instanzia una classe in automatico vengono creati i metodi setter e getter degli attributi. Se guardate l'esempio del listato sopra nella riga *console.log(c.getHtml());* sfruttiamo il metodo getter per recuperare il contenuto dell'attributo html. Altro particolare da notare, è il fatto che il primo carattere dell'attributo è in maiuscolo (*c.getHtml*). Avviate l'esempio e verificate nella console di debug del browser cosa viene stampato.

Un altro approccio per renderizzare i componenti nel DOM è basato sul principio della lazy initialization (letteralmente "inizializzazione pigra") in quanto la creazione dell'istanza della classe viene rimandata nel tempo e messa in atto solo quando diventa strettamente necessario (al primo tentativo di uso).

```html
<html xmlns="http://www.w3.org/1999/xhtml">
<head>
...
    var c = {
    xtype: 'component',
    html : 'Hello World'
}
```

. . .

Nel listato sopra abbiamo instanziato la classe solo nel momento in cui ci serviva e abbiamo introdotto il concetto di *xtype*. Attraverso xtype è possibile creare un'istanza ad un componente. Ogni componente Sencha Touch ha il proprio xtype, che potete trovare nella documentazione delle API Sencha Touch.

Con questo approccio non avendo istanziato la classe con Ext.create se provate ad accedere agli attributi come per l'esempio precedente sfruttando la *getHtml()*, avrete un errore, in quanto questa volta non sono stati creati i metodi getter e setter. Per poter accedere agli attributi usate l'operatore "." (punto). Per stampare nella console di debug il contenuto dell'attributo html l'istruzione sarà la seguente: *console.log(c.html);* Un'altro concetto visto nel codice presentato in precedenza, ma non ancora spiegato è la funzione onReady. *onReady* è una funzione che viene chiamata dopo che il DOM è pronto (ready).

4.2.1 Definire una nuova classe

Quando si definisce una nuova classe questa dovrebbe avere almeno la sezione di config, nella quale si definiscono le proprietà della classe e il costruttore nel quale si impostano queste proprietà.

```
Ext.define('Partecipante', {
    config: {
        id: null,
        name: null,
        email: null,
        phone: null,
        confirmed: false
},
    constructor: function(config) {
        this.initConfig(config);
    }
})
```

Quando si definisce una classe vengono automaticamente creati i metodi di *Get* e *Set* per le proprietà all'interno del blocco config.

4.2.2   Istanziare una nuova classe

Con *Ext.create* è possibile creare una nuova istanza ad un componente.

```
var nuovoPartecipante = Ext.create('Partecipante', {
    id: 100,
    name: 'Cosimo Palma',
    email: 'cosimopalma@appacademy.it',
    phone: '',
    confirmed: false
});
```

4.2.3   Accedere agli attributi di una classe

Sfruttando le funzioni set e get, ricordo ancora, create automaticamente possiamo accedere agli attributi, per modificarli (set) e per leggerli (get).

```
var rec = nuovoPartecipante.setConfirmed(true);
console.log('Stato Partecipante: ' +
rec.getConfirmed());
```

4.2.4   Estendere una classe

È possibile estendere una classe già esistente nel seguente modo:

```
Ext.setup({
onReady: function () {
// Definizione di una classe
Ext.define('Partecipante', {
    config: {
        id: null,
        name: null,
        email: null,
```

```
        phone: null,
        confirmed: false
    },
constructor: function(config) {
    this.initConfig(config);
}
});
Ext.define('Speaker', {
    extend:'Partecipante',
    updateName: function(newName,oldName){
    if(newName.length==0) {
        alert('problem');
    }
}
});
// istanziare la classe Speaker
var speakerRec =
    Ext.create('Speaker', {
        id:200,
    name:'Igor Rossi'
    });
// Accesso attributi
console.log('Nome Speaker: '+ speakerRec.getName());
}
});
```

Nell'esempio sopra abbiamo definito la classe *Partecipante*
(*Ext.define('Partecipante', ..*), poi abbiamo definito la classe *Speaker*
(*Ext.define('Speaker', ..*) e successivamente abbiamo istanziato la classe
Speaker. Alla fine per verificare che tutto funzionasse a dovere abbiamo
visualizzato nella console del browser l'attributo *name* della classe appena
istanziata. Non mi sono dimenticato di updateName lo vedremo nel
seguito di questo capitolo.

4.3 Fare riferimento ai nodi del DOM

Nel paragrafo precedente abbiamo visto come fare riferimento a
componenti Sencha Touch, ma quando si lavora con JavaScript ed HTML,
spesso nasce la necessità di selezionare nodi DOM. È possibile recuperare

un elemento DOM in tre modi. Per esaminare ciascun modo utilizzermo il codice html riportato sotto.

```
<h2 id="title">Attrazioni Torino</h2>
<div id="description">
<p>Piazza Castello</p>
<p>Mole Antonelliana</p>
</div>
```

Di seguito le tecniche per recuperare gli elementi del DOM.

4.3.1 Ext.get()

Attraverso *Ext.get(el)* è possibile recuperare *Ext.dom.Element* che è un wrapper che incapsula gli elementi del DOM, e permette una manipolazione semplice di questi elementi. *Ext.dom.Element* documentazione. È possibile recuperare l'elemento del DOM a partire dall' id dell'elemento:

```
...
Ext.onReady(function() {
var title = Ext.get('title');
console.log(title);
});
</script>
</head>
<body>
<h2 id="title">Attrazioni Torino</h2>
<div id="description">
<p>Piazza Castello</p>
<p>Mole Antonelliana</p>
</div>
...
```

Nella console log del browser dovrestere vedere come risultato il seguente oggetto:

```
Ext.a…y.c…e.Class {dom: h2#title, id: "title"}
```

4.3.2 Ext.select()

L'id degli elementi del DOM è unico, quindi se volessimo recuperare contemporaneamente più elementi ? Per questo scopo possiamo utilizzare *Ext.select()*.

Ext.select() documentazione Per recuperare l'elemento o gli elementi dal DOM è possibile passare un selettore e verrà ritornato un oggetto *Ext.dom.CompositeElementLite*. Vediamo subito con un esempio pratico il funzionamento:

```
...
Ext.onReady(function() {
var par = Ext.select("p");
console.log(par)
});
</script>
</head>
<body>
<h2 id="title">Attrazioni Torino</h2>
<div id="description">
<p>Piazza Castello</p>
<p>Mole Antonelliana</p>
</div>
...
```

Nella console log del browser dovreste vedere come risultato un oggetto come quello della figura seguente contenente un array di due elementi, che sono proprio i nostri due paragrafi.

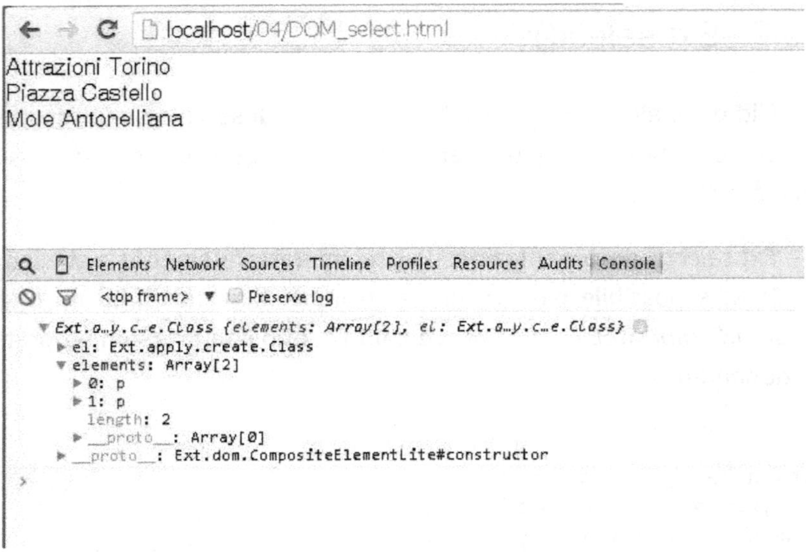

Figura 4.1 – Log nella console per sviluppatori.

Per recupera il primo elemento:

```
var primoPar = Ext.select("p").elements[0];
```

4.3.3 Ext.getDom()

L'ultima opportunità è *Ext.getDom(el)*.

```
...
Ext.onReady(function() {
var title = Ext.getDom('title');
console.log(title);
});
</script>
</head>
<body>
<h2 id="title">Attrazioni Torino</h2>
<div id="description">
<p>Piazza Castello</p>
<p>Mole Antonelliana</p>
</div>
...
```

Il risultato è:

```
<h2 id="title">Attrazioni Torino</h2>
```

4.4 Gestire gli eventi

La gestione degli eventi in Sencha Touch è fatta attraverso il mixin *Ext.util.Observable*. Il mixin è una tecnica per supportare un'ereditarietà multipla. Se all'interno di una nostra classe usiamo il mixin *Ext.util.Observable*, allora la nostra classe sarà in grado di gestire gli eventi. Tutti i componenti che in Sencha Touch sono utilizzati per costruire l'interfaccia dell'applicazione possono rispondere agli eventi. Questa abilità è dovuta al fatto che tali componenti sono tutti derivati dalla classe base *Ext.Component* che a sua volta include Ext.util.Observable. Esistono tre tipi di eventi:

Eventi di sistema

Sono gli eventi invocati dal framework. Ad esempio se i dati sono caricati, il framework attiva l'evento load.

Eventi del lifecycle

Sono gli eventi invocati dal lifecycle framework. Ad esempio quando un componente viene mostrato, il framework attiva l'evento show.

Eventi dell'utente

Sono gli eventi invocati dall'utente. Ad esempio il tap event.

4.4.1 Attivare e Ascoltare Eventi

In Sencha Touch quando si vuole ascoltare se un evento si verifica su un componente, si definisce un event listener che ascolta quel determinato evento. Supponiamo di voler ascoltare l'evento tap:

```
listeners : {
    tap: 'myEventHandler'
```

```
}
```

Per gestire l'evento bisognerà scrivere una funzione di callback che viene chiamata quando si verifica l'evento tap su quel componente.

```
Ext.define('ImpostazioniBtn', {
extend: 'Ext.Button',
xtype: 'impostazionibtn',
config: {
    text: 'Impostazioni',
    listeners: {
        tap: 'impostazioniEventHandler'
        },
    },
impostazioniEventHandler: function(b){
    console.log('Hai fatto tap sul
    button ' + b.getText());
    }
})
```

Nell'esempio sopra è stato definito un componente button, gli è stato associato un listener che ascolta l'evento tap sul button. Quando l'utente esegue un tap su quel bottone viene richiamata la funzione di callback impostazioniEventHandler. Rendiamo più interessante l'esempio istanziando la classe creata e visualizzandola nella finestra. In questo modo potremmo testare i nuovi concetti.

```
onReady: function () {
Ext.define('ImpostazioniBtn', {
extend: 'Ext.Button',
xtype: 'impostazionibtn',
config: {
    text: 'Impostazioni',
    listeners: {
        tap: 'impostazioniEventHandler'
    },
},
impostazioniEventHandler: function(b){
    console.log('Hai fatto tap sul
    button ' + b.getText());
    }
});
var component = Ext.create("
```

```
        ImpostazioniBtn", {});
        Ext.Viewport.add(component);
}
```

Nella finestra della console dovreste ottenere il log del fatto che avete eseguito un tap sul bottone. Si possono agginugere eventi anche nel seguente modo:

```
onReady: function () {
var impostazioniEventHandler = function(b){
    console.log('Hai fatto tap sul
    button ' + b.getText());
};
var component = Ext.create('Ext.Button', {
    text: 'Impostazioni'
});
component.addListener('tap',
    impostazioniEventHandler);
Ext.Viewport.add(component);
}
```

oppure usando una forma contratta di *addListener()*:

```
onReady: function () {
var impostazioniEventHandler = function(b){
    console.log('Hai fatto tap sul
    button ' + b.getText());
};
var component = Ext.create('Ext.Button', {
    text: 'Impostazioni'
});
component.on('tap',
    impostazioniEventHandler);
Ext.Viewport.add(component);
}
```

Nel corso del libro avremo modo di fare molta pratica sugli eventi.

4.4.2 Rimuovere Eventi

È possibile rimuovere gli eventi quando non servono più. La sintassi è la seguente:

element.removeEventListener('tap',myEventHandler,false)

```
...
onReady: function () {
var impostazioniEventHandler = function(b){
    console.log('Hai fatto tap sul button ' +
     b.getText());
    this.removeListener('tap',
     impostazioniEventHandler);
    console.log('Ora il button non risponderà più');
};
var component = Ext.create('Ext.Button', {
       text: 'Impostazioni'
});
component.on('tap', impostazioniEventHandler);
Ext.Viewport.add(component);
}
...
```

Nel frammento di esempio presentato sopra, (ricordo che gli esempi completi dei dettagli sono disponibili nel codice scaricato) l'evento viene rimosso dopo che è stato gestito la prima volta. Provate a fare dei test aggiungendo e togliendo la riga *this.removeListener('tap', impostazioniEventHandler);*

4.4.3 Attivare eventi Custom

La situazione in cui questa tipologia di eventi può tornare utile può essere la seguente. Se avete strutturato il codice in modo da avere tutti gli *event handler* (funzioni per la gestione degli eventi) in un file javascript separato, perchè volete separare l'interfaccia dai controlli, può succedere che vogliate modificare gli elementi dell'interfaccia, questo modificherebbe anche gli eventi. Se usate degli eventi custom sarete protetti in queste situazioni. Sencha Touch ha il metodo *fireEvent()*. Attraverso questo metodo è possibile attivare eventi con dei nomi personalizzati.

```
...
listeners : {
    tap: function(e){
        this.up('attrazioniview').
            fireEvent('openattrazione', e);
    }
} ...
```

L'evento potrà essere gestito all'esterno nel seguente modo:

```
Ext.define('AttrazioniController', {
    extend: 'Ext.app.Controller',
    config: {
        control: {
            'attrazioniview': {
                openattrazione: 'onOpenAttrazione'
            }
        }
    },
    onOpenAttrazione: function() {
    console.log("Apri attrazione");
    }
});
```

Avremo modo nel seguito di diventare molto pratici con gli eventi.

4.5 Conclusioni

In questo capitolo abbiamo visto la struttura delle classi Sencha Touch, come è stato applicato il pattern singleton, come definire una classe in Sencha, come istanziarla, come estenderla. Abbiamo fatto pratica con i concetti descritti riscrivendo un'applicazione codificata in Javascript puro in un'applicazione Sencha Touch. Abbiamo imparato a lavorare con gli eventi. Siamo pronti per la sfida successiva.

5. I Componenti di Sencha Touch

"Ciò che dobbiamo imparare a fare, lo impariamo facendolo"

Aristotele

I componenti sono il nucleo del framework Sencha Touch. Attraverso i componenti è possibile realizzare quello che vediamo di una applicazione Sencha Touch.

Per componenti, intendo i Button, TextBox, Slider, Carousel, Panel, Viewport e tanti altri che trovate ben documentati alla pagina: Documentazione Components (http://docs.sencha.com/touch/2.4/2.4.2-apidocs/#!/api)

I componenti hanno diverse proprietà comuni tra loro, come la possibilità di visualizzarsi (*show*), nascondersi (*hide*), abilitarsi (*enable*), disabilitarsi (*disable*), presentarsi all'interno della pagina attraverso un template e diverse altre che scopriremo nel corso di questo capitolo.

5.1 Components

La maggior parte delle classi Sencha Touch (visual) visualizzabili su un'interfaccia sono dei Components. Ogni component in Sencha Touch è una sottoclasse di *Ext.Component*. Di seguito una lista di proprietà comuni ai componenti.

- Un componente è un oggetto JavaScript.

- Tutte le classi Visuali (Button, Panels,..) sono classi figlie di Component.

- I Components fanno il render di se stessi attraverso i templates.

- I components centrano se stessi.

- Si possono abilitare e disabilitare.

- Possono presentarsi nella forma ti popup sopra altri componenti.

- Possono essere dockable su altri componenti (possono essere ancorati rispetto ad altri componenti).

- Hanno la capacità di allineamento e scrolling.

I componenti disponibili in Sencha Touch possono essere raggruppati in quattro gruppi principali.

Navigation components
Ext.Toolbar
Ext.Button
Ext.TitleBar
Ext.SegmentedButton
Ext.Title
Ext.Spacer

Store-bound components
Sono i componenti che si interfacciano direttamente con gli store.
Ext.dataview.DataView

Ext.Carousel
Ext.List
Ext.NestedList

Form components
Ext.form.Panel
Ext.form.FieldSet
Ext.field.Checkbox
Ext.field.Hidden
Ext.field.Slider
Ext.field.Text
Ext.picker.Picker
Ext.picker.Date

General components
Ext.Panel
Ext.tab.Panel
Ext.Viewport
Ext.Img
Ext.Map
Ext.Audio
Ext.Video
Ext.Sheet
Ext.ActionSheet
Ext.MessageBox

In questo capitolo e nel corso di questo libro vedremo diversi di questi componenti attraverso esempi pratici. Bene, è arrivato il momento di iniziare a costruire le interfacce delle nostre applicazioni.

5.2 Panels e Templates

La classe *Ext.Panel* è una sottoclasse di *Ext.Container*, e a questa classe aggiunge diverse funzionalità. L'obiettivo di questo paragrafo è quello di creare un panel per visualizzare informazioni e in aggiunta si vuole che le informazioni siano presentate attraverso un template. I template (*Ext.XTemplate*) ci permettono di presentare all'utente le informazioni opportunamente formattate. Impareremo ad utilizzarli progressivamente attraverso la pratica.

```
...
Ext.setup({
    onReady: function() {
        var sessionTemplate =
        Ext.create("Ext.XTemplate",'{nome} - {tipo}',
            {});
            var panel = Ext.create("Ext.Panel", {
                tpl: sessionTemplate,
                data: {
                nome: "Planetario di Torino",
                tipo: "Planetario"
            }
        });
    Ext.Viewport.add(panel);
    }
});
...
```

Nel frammento di codice sopra, viene instanziato il componente *Ext.Panel*, si definiscono le variabili *nome* e *tipo*, e si gestisce la presentazione per mezzo del template *sessionTemplate*, che è un'istanza a *Ext.Template* alla quale vengono passate le variabili nome e tipo. Mi soffermo sull'ultima istruzione, *Ext.Viewport*. Si tratta di un'istanza creata quando si usa *Ext.setup*. *Ext.Viewport* è un container di default impostato fullscreen nel quale possiamo posizionare altri componenti. Nell'esempio precedente, nella finestra principale è stato inserito l'oggetto panel. Nel vostro browser dovreste vedere un risultato come quello in figura:

Figura 5.1 – Panel e presentazione dei dati.

5.3 Button

Ora che abbiamo creato il nostro panel, vogliamo inserire un *toggle button* che deve creare la seguente funzionalità: se il panel è visibile allora lo nasconde, se non è visibile lo mostra. Passiamo subito al codice è poi analizziamo i dettagli.

```
...
Ext.setup({
    onReady: function() {
        var sessionTemplate =
            Ext.create("Ext.XTemplate",
            '<div>{nome} - {tipo}</div>',{});
        var panel = Ext.create("Ext.Panel",{
            tpl: sessionTemplate,
            data: {
            nome: "Planetario di Torino",
            tipo: "Planetario"
            }
        });
    var buttonToggle =
        Ext.create('Ext.Button', {
        text: 'Toggle Hidden'
    });
    buttonToggle.on({tap: function() {
        if (panel.isHidden()) {
            panel.show();
            } else {
            panel.hide();
        }
    }
}
```

```
});
Ext.Viewport.add({
xtype: 'panel',
items: [buttonToggle, panel],
padding: 15
});
} });
...
```

In questo esempio notiamo diversi concetti già visti nel capitolo precedente come l'*ascolto degli eventi* e l'*istanziazione di componenti*. Nel codice sopra sono stati creati due oggetti, un oggetto panel e un oggetto buttonToggle. Sull'oggetto buttonToggle è stato inserito un *listener* che ascolta l'evento *tap*. Quando si verifica l'evento tap, si và a verificare il valore dell'attributo *panel.isHidden* e si compie un'azione. Se l'attributo è *true*, significa che il panel è nascosto, allora viene mostrato, se *panel.isHidden* è *false* invece viene nascosto. Fermatevi un momento ad analizzare il codice allegato.

Come nell'esempio precedente i componenti vengono aggiunti a *Ext.Viewport*, i componenti vengono aggiunti come figli *items: [buttonToggle,panel]*.
Gli oggetti vengono aggiunti sul layout verticale nell'ordine definito nell'array. Più avanti vedremo come posizionare gli oggetti sullo schermo usando un layout.
Se avviate l'applicazione il risultato dovrebbe essere il seguente:

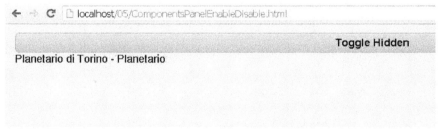

Figura 5.2 – Visualizzare dinamicamente componenti alla pressione di un button.

5.4   Ext.MessageBox e pop up

In questo esempio vedremo come visualizzare un messaggio all'interno di un pop up. Si vuole che il pop up venga visualizzato al tap su un altro button.

```
Ext.setup({
    onReady: function() {

        var sessionTemplate =
            Ext.create("Ext.XTemplate",
            '<div>{nome} - {tipo}', {});

        var panel = Ext.create("Ext.Panel", {
            tpl: sessionTemplate,
            data: {
                nome: "Planetario di Torino",
                tipo: "Planetario"
            }
        });

        var buttonToggle = Ext.create('Ext.Button', {
            text: 'Toggle Hidden'
        });

        buttonToggle.on({
            tap: function() {
                if (panel.isHidden()) {
                    panel.show();
                } else {
                    panel.hide();
                }
            }
        });

        var buttonShowMessage =
            Ext.create('Ext.Button', {
            text: 'Mostra Pop Up'
        });

        buttonShowMessage.on({
            tap: function() {
                Ext.Msg.alert("Message Importante",
                "Hai cliccato per vedere il messaggio!");
            }
```

```
    });

    Ext.Viewport.add({
        xtype: 'container',
        items: [buttonToggle, buttonShowMessage,
                            panel],
        padding: 15
    });


    }
});
```

In questo esempio è stato creato un nuovo bottone (*buttonShowMessage*), gli è stato associato l'ascolto dell'evento tap. E sull'evento tap è stato fatto aprire un *Ext.Msg.alert*.

Dal punto di vista della presentazione abbiamo aggiunto il bottone all'interno degli items del contenitore subito dopo il primo bottone. Il risultato è quello che potete vedere nell'immagine seguente:

Figura 5.3 – Presentazione delle informazioni all'interno di un popup.

5.5 Ext.MessageBox e pop up

Il ciclo di vita dei componenti segue questa sequenza: *Initialize ->
Render -> Destroy*. Possiamo verificarla con la semplice applicazione sotto.
Per analizzare il ciclo di vita di un *component* potete usare il codice

riportato di seguito. Nell'esempio viene istanziato un component e vengono collegati tre *listener*. I tre listener sono all'ascolto rispettivamente degli eventi *initialize, show e destroy*. Per capire a fondo il lifecycle dei components, aprite la console di Chrome (o del browser che state usando) e analizzate il comportamento del component sfruttando l'istruzione *debugger*.

```
...
Ext.setup({
    onReady: function() {
        var component = Ext.create("Ext.Component", {
            html: 'Simple component',
            listeners: {
                initialize: function() {
                console.log('initialize');
            },
            show: function() {
            console.log('show');
            },
            destroy: function() {
            console.log('destroy');
            }
        }
    });
    debugger
    Ext.Viewport.add(component);
    debugger
    Ext.Viewport.remove(component);
    }
});
...
```

L'istruzione *debugger* interrompe l'esecuzione del programma e aspetta che voi forniate il comando di andare avanti di un passo. Come risultato dovreste ottenere la seguente sequenza: *initialize, show, destroy*. Quindi un componente prima di essere mostrato (*show*), viene inizializzato.

5.6 Conclusioni

In questo capitolo abbiamo iniziato a fare pratica con i primi componenti, costruendo le prime interfacce e gestendo l'interazione con l'utente e abbiamo imparato a cercare le informazioni per entrare nel dettaglio delle classi dei components. La trattazione dei components non finisce qui, ma proseguirà nel resto del libro. Questo capitolo era necessario per permettervi di affrontare meglio i prossimi.

Nel prossimo capitolo impareremo a disporre gli oggetti da presentare all'utente sfruttando i layout.

6. Gestione dei Layout

"Gli sciocchi aspettano il giorno fortunato, ma ogni giorno è fortunato per chi sa darsi da fare."
Buddha

Attraverso i *Layout* è possibile posizionare i components sulle interfacce delle nostre app. Il framework Sencha Touch mette a disposizione diversi layout, tra i quali è possibile scegliere quello che meglio si adatta alle esigenze richieste dall'applicazione che si stà sviluppando. Ci sono due tipi di layout. Il layout che presenta un singolo item alla volta sullo schermo e il layout che presenta molti items sullo schermo.

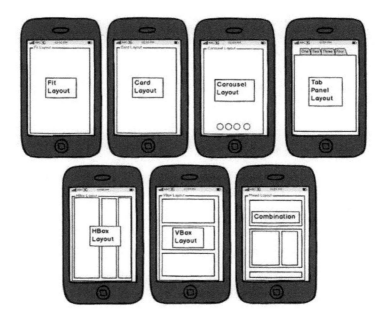

Figura 6.1 – Diverse opzioni di layout.

- Full-Screen (fit) Layout
- Horizontal Layout (hbox)
- Vertical Layout (vbox)
- Card Layout (card)
- Tab Layout
- Carousel Layout
- Docking dei Componenti
- Combo

6.1 Full-Screen (fit) Layout

Gestisce un singolo item sullo schermo. Si usa quando si vuole posizionare un componente full screen sullo schermo. Il layout di tipo *fit* fa in modo che l'item inserito come figlio riempia tutto lo schermo.

```
Ext.setup({
```

```
        onReady: function() {

var red = {
    html: 'Rosso',
    style: 'background-color: red;color: black',
    title: 'Rosso'
};


var panel = Ext.create("Ext.Container", {
    layout: 'fit',
    fullscreen: true,
    items: [red]
});


Ext.Viewport.add(panel);
}
});
```

Risultato:

Figura 6.2 – Layout fit.

6.2 Horizontal Layout (hbox)

Si usa quando si vogliono posizionare diversi componenti sullo schermo in modo orizzontale. Nel layout di tipo *hbox* i componenti specificati negli items verranno posizionati uno dopo l'altro.

```
Ext.setup({
    onReady: function() {

        var red = {
            html: 'Rosso',
            style: 'background-color: red;color:
                black',
            title: 'Rosso',
            flex: 1
        };

        var green = {
            html: 'Verde',
            style: 'background-color: Green;color:
                    black',
            title: 'Verde',
            flex: 4
        };

        var yellow = {
            html: 'Giallo',
            style: 'background-color: yellow;color:
                    black',
            title: 'Giallo',
            flex: 1
        };


        var panel = Ext.create("Ext.Container", {
            fullscreen: true,
            layout: 'hbox',
            items: [red, green, yellow]
        });


        Ext.Viewport.add(panel);
    }
});
```

Risultato:

Figura 6.3 – Horizontal Layout (hbox).

6.3   Vertical Layout (vbox)

Si usa quando si vogliono posizionare diversi componenti sullo schermo in modo verticale. Nel layout di tipo *vbox* i componenti specificati negli items verranno posizionati uno sotto l'altro.

```
Ext.setup({
    onReady: function() {

        var red = {
            html: 'Rosso',
            style: 'background-color: red;color: black',
            title: 'Rosso',
            flex: 1
        };

        var green = {
                html: 'Verde',
```

```
            style: 'background-color: Green;color:
                   black',
            title: 'Verde',
            flex: 4
      };

      var yellow = {
            html: 'Giallo',
            style: 'background-color:
                   yellow;color: black',
            title: 'Giallo',
            flex: 1
       };


      var panel = Ext.create("Ext.Container", {
                fullscreen: true,
                layout: 'vbox',
                items: [red, green, yellow]
      });


      Ext.Viewport.add(panel);
   }
});
```

Risultato:

Figura 6.4 – Vertical Layout (vbox).

Nella cartella degli esempi di questo capitolo trovate il file *Layout-PackAlign.html* dove trovate diversi modo per posizionare e allineare gli oggetti. Avviatelo e modificate le proprietà *pack* e *align*, variando i valori *left, right, end*.

6.4 Card Layout (card)

Permette di gestire items multipli inseriti all'interno del container.

Un *card* layout permette di inserire diversi componenti in uno spazio e di mostrarne uno alla volta, proprio come un mazzo di carte.

```
Ext.setup({
    onReady: function () {

        var red = {
            html: 'Rosso',
            style: 'background-color:
                red;color: black',
            title: 'Rosso'
        };

        var green = {
            html: 'Verde',
            style: 'background-color:
                Green;color: black',
            title: 'Verde'
        };

        var yellow = {
            html: 'Giallo',
            style: 'background-color:
                yellow;color: black',
            title: 'Giallo'
        };


        var toolbar =
            Ext.create("Ext.Toolbar", {
            docked: 'top',
            items: [{
                xtype: 'button',
```

```
                               text: 'giallo',
                          handler: function
(theButton) {
         var thePanel = theButton.up().up();
         thePanel.setActiveItem(2);

                      }
                  }]
             });

         var panel = Ext.create("Ext.Container", {
             fullscreen: true,
             layout: {
                 type: 'card',
                 animation: {
                 type: 'slide', // 'fade'
                 duration: 3000
                 }
             },
          items: [red, green, yellow, toolbar]
          });

             Ext.Viewport.add(panel);
         }
    })
```

Risultato:

Figura 6.5 – Card Layout (card).

Provate a modificare il "*type*" di animazione, da *slide* a *fade*, per vedere le differenze.

6.5 Tab layout

Permette di gestire items multipli inseriti all'interno del container. Un card layout permette di inserire diversi componenti in uno spazio e di mostrarne uno alla volta, proprio come un mazzo di carte.

```
Ext.setup({
    onReady: function () {

        var red = {
            html: 'Rosso',
            style: 'background-color:
                red;color: black',
            title: 'Rosso'
        };

        var green = {
            html: 'Verde',
            style: 'background-color:
                Green;color: black',
            title: 'Verde'
        };

        var yellow = {
            html: 'Giallo',
            style: 'background-color:
                yellow;color: black',
            title: 'Giallo'
        };


        var panel =
          Ext.create("Ext.TabPanel", {
            fullscreen: true,
            layout: {
                type: 'card',
                animation: {
                    type: 'slide', // fade'
                    duration: 3000
                }
```

```
            },
            items: [red, green, yellow]
        });


        Ext.Viewport.add(panel);
    }
})
```

Risultato:

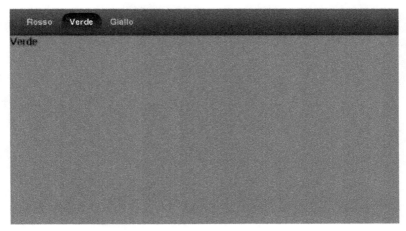

Figura 6.6 – Tab Layout.

6.6 Carousel Layout

Anche questo come i due precedenti è una tipologia di card layout.
Permette di gestire items multipli inseriti all'interno del container. Questa
volta avremo un layout con una gestione delle carte di tipo *carousel*.

```
Ext.setup({
    onReady: function () {

        var red = {
            html: 'Rosso',
            style: 'background-color:
                red;color: black',
            title: 'Rosso'
        };
```

```
var green = {
    html: 'Verde',
    style: 'background-color:
        Green;color: black',
    title: 'Verde'
};

var yellow = {
    html: 'Giallo',
    style: 'background-color:
        yellow;color: black',
    title: 'Giallo'
};


var panel =
Ext.create("Ext.Carousel", {
    fullscreen: true,
    layout: {
        type: 'card',
        animation: {
            type: 'slide', //'fade'
        }
    },
    items: [red, green, yellow]
});


Ext.Viewport.add(panel);
    }
})
```

Risultato:

Figura 6.7 – Carousel Layout.

6.7 Docking dei Componenti

Invece di usare il sistema dei layout è possibile specificare la proprietà *docked* di un componente, per fare in modo che venga ancorato ad un lato. La proprietà docked funziona in combinazione con qualsiasi tipo di layout. E' possibile specificare dove ancorare il componente al container specificando una delle seguenti proprietà *left, top, right, o bottom*. Spesso questa proprietà è usata nelle toolbar per fissarle in alto o in basso nello schermo.

```
Ext.setup({
    onReady: function () {

        var red = {
            html: 'Rosso',
            style: 'background-color:
                red;color: black',
            title: 'Rosso'
        };


        var toolbar =
            Ext.create("Ext.Toolbar", {
            docked: 'top',
```

```
            items: [{
                xtype: 'button',
                text: 'Tap',
            }]
        });

        var panel =
            Ext.create("Ext.Container", {
            fullscreen: true,
            layout: {
                type: 'vbox',
            },
            items: [red, toolbar]
        });


        Ext.Viewport.add(panel);
    }
})
```

Risultato:

Figura 6.8 – Docking dei Componenti.

La toolbar è ancorata in alto, provate a modificare la proprietà *docked* da *top* al valore *bottom*.

6.8 Combo Layout

E se volessimo realizzare un layout come quello rappresentato sotto
?

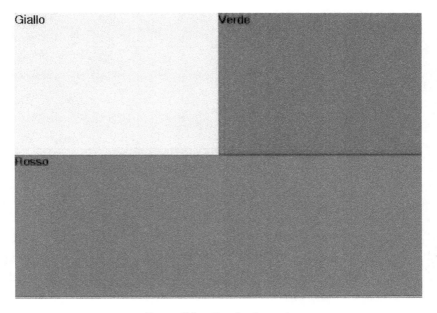

Figura 6.9 – Combo Layout.

Il concetto è che si può costruire un nuovo item mettendo insieme i
colori giallo e verde e poi passare questo nuovo item come paramentro
dell'array. Penso che il codice sotto dovrebbe essere molto più esplicativo
delle parole:

```
Ext.setup({
    onReady: function () {
        var red = {
            html: 'Rosso',
            style: 'background-color:
                red;color: black',
            flex: 1,
            title: 'Rosso'
        };
        var green = {
            html: 'Verde',
```

```
        style: 'background-color: Green;color:
          black',
        flex: 1,
        title: 'Verde'

    };

    var yellow = {
        html: 'Giallo',
        style: 'background-color:
            yellow;color: black',
        flex: 1,
        title: 'Giallo'
    };

    var yellowAndgreen = {
        xtype: 'container',
        layout: 'hbox',
        flex: 1,
        items: [yellow, green]
    };

    var panel = Ext.create("Ext.Container", {
        fullscreen: true,
        layout: 'vbox',
        items: [yellowAndgreen, red]
    });

        Ext.Viewport.add(panel);
    }
});
```

6.9 Conclusioni

Abbiamo visto le varie tipologie di layout messe a disposizione da Sencha Touch. Ci saranno molto utili per la creazione delle nostre interfacce.

Nel prossimo capitolo vedremo come navigare tra le schermate.

7. Navigare tra le schermate

"La felicità è quando ciò che pensi, ciò che dici e ciò che fai sono in armonia"
Mahatma Gandhi

In questo capitolo continueremo a fare pratica con i componenti, in particolore ci facalizzeremo su due componenti utili per realizzare l'architettura di navigazione delle nostre applicazioni. Vedremo la navigazione tramite "Tab" utilizzando il componente *Ext.tab.Panel* e la navigazione del tipo "vista-dettaglio" utilizzando il componente *Ext.navigation.View*

- Ext.tab.Panel
- Ext.navigation.View

7.1 TabPanel

La classe *Ext.tab.Panel* è una sottoclasse di *Ext.Container*, ed a questa classe aggiunge diverse funzionalità. L'obiettivo di questo paragrafo è quello di creare un'applicazione nella quale è possibile navigare tra due tab. Una prima tab "Mappa" e una seconda "Lista".
Passiamo subito al codice:

```
...
Ext.setup({
    onReady: function() {
    var tabPanel = Ext.create('Ext.TabPanel', {
        fullscreen: true,
        tabBarPosition: 'bottom',
        defaults: {
        styleHtmlContent: true
    },
    items: [
    {
        title: 'Mappa',
        iconCls: 'maps',
        html: 'Mappa'
    },
    {
        title: 'Lista',
        iconCls: 'list',
        html: 'Lista'
    }
    ]
    });
    Ext.Viewport.add(tabPanel);
} });
...
```

Nel frammento di codice sopra, viene instanziato il componente *Ext.tab.Panel* attraverso il suo alias *Ext.TabPanel*, si impostano alcune proprietà di questo componente come la posizione, sfruttando la proprietà *tabBarPosition*, che deve essere ancorata in basso, tabBarPosition: 'bottom'. Si definiscono due figli del *tabPanel*.

Per il momento sono due semplici card che contengono solo un testo html, e per ciascuna viene definita un icona, che sarà presentata nella tabBar in basso. Cliccando sulle rispettive icone sarà passibile navigare tra le due card. Nel vostro browser dovreste vedere un risultato come quello in figura 7.1:

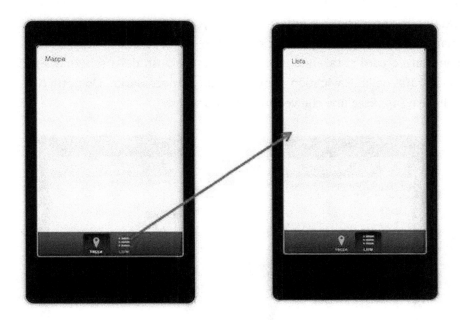

Figura 7.1 – Navigazione con i tabpanel.

Potete trovare le immagini di default per per le icone all'interno della cartella del framework e precisamente in *touch\resources\themes\images\default\pictos* se avete chiamato la cartella del framework touch.

7.2 Navigation View

La classe *NavigationView* è una classe derivata da *Ext.Container* con un layout di tipo card, quindi è visibile solo una card alla volta.

La classe NavigationView offre inoltre un meccanismo di *push* o *pop* delle card nello stack del componente attraverso il quale il componente tiene traccia della navigazione. In questo paragrafo vedremo un'architettura di navigazione molto semplice realizzata con due card, la card principale che viene mostrata all'avvio e la card di dettaglio che viene visualizzata in seguito all'operazione di push. Questa architettura di navigazione è molto usata nelle applicazioni, a differenza del layout card permette di caricare dinamicamente le card. Non c'è bisogno di sapere all'inizio quante schermate o card ci saranno, ma basterà fare il push della schermata da visualizzare nella Navigation View quando è necessario. L'obiettivo è realizzare l'applicazione che vedete in figura sotto:

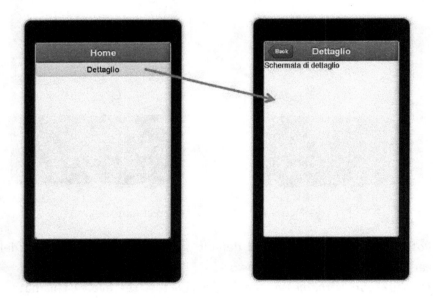

Figura 7.2 – Navigazione con NavigationView.

...

```
Ext.setup({
    onReady: function() {
    var view =
        Ext.create('Ext.NavigationView', {
            fullscreen: true,
            items: [{
            title: 'Home',
            items: [{
                xtype: 'button',
```

```
text: 'Dettaglio',
handler: function() {
view.push({
title: 'Dettaglio',
html:
'Schermata di dettaglio'
});
}
}]
}]
});
} });
...
```

7.3 Conclusioni

Abbiamo visto due importanti architetture di navigazione.
Nell'applicazione reale che andremo a sviluppare nella seconda parte di
questo libro avremo modo di fare molta pratica con queste due
architetture di navigazione e scoprire diverse altre proprietà che mettono
a disposizione. Nel prossimo capitolo parleremo di Mappe e di come
creare popup personalizzati.

8. Mappe e Popup

"Ogni uscita è un'entrata in un altrove."
Tom Stoppare

In questo capitolo continueremo a fare pratica con i *componenti* di Sencha touch, al fine di arricchire le opzioni a disposizione per costruire web app sempre più complesse. In particolare vedremo come inserire mappe nelle nostre applicazioni e come gestire popup personalizzati.

8.1 Mappe, immagini e messaggi testuali

In questo paragrafo vedremo come inserire le mappe di Google all'interno delle nostre applicazioni, come inserire immagini e come gestire in maniera comoda gli oggetti all'interno delle card del nostro tabPanel. Lavoreremo sulla card della mappa.
L'obiettivo è realizzare l'applicazione che vedete in figura sotto:

Figura 8.1 – Layout della schermata mappa

Facendo "tap" sul button "Mappa" vogliamo vedere visualizzati come in figura rispettivamente: un'immagine, una mappa e un messaggio. Vi fornisco sotto il codice, iniziate a guardarlo, dopo il codice è presente la spiegazione dei concetti nuovi.

```
...
Ext.setup({
    onReady: function() {
        var logoContainer = {
            xtype: 'img',
            src: 'images/logo.jpg',
            margin: '10 0 10 0',
            flex: 1
        };
        var map = {
            xtype: 'map',
            useCurrentLocation: true,
            border: 3,
            style: 'border-color: blue;
            border-style: solid;',
            flex: 4
```

```
    };
    var message = {
        xtype: 'component',
        html: '<center><h2>
        Cerca sulla mappa</h2>
        </center>',
        margin: '10 0 10 0',
        flex: 1
    };
    var mapScreenContainer = {
        xtype: 'container',
        iconCls: 'maps',
        title: 'Mappa',
        layout: 'vbox',
        items: [
            logoContainer,
            map,
            message
        ]
    };
    var tabPanel =
        Ext.create('Ext.TabPanel', {
        fullscreen: true,
        tabBarPosition: 'bottom',
        defaults: {
        styleHtmlContent: true
    },
    items: [
        mapScreenContainer,
        {
            title: 'Lista',
            iconCls: 'list',
            html: 'Lista'
        }
    ]
    });
    Ext.Viewport.add(tabPanel);
} });
...
```

Siccome le card possono diventare molto complesse, nel senso che possono contenere tanti componenti disposti in modo non banale, spesso può risultare utile costruire la schermata da visualizzare a pezzetti. In questo caso abbiamo costruito a pezzi la schermata della mappa "*mapScreenContainer*". mapScreenContainer conterrà, disposti secondo un layout verticale, i tre componenti: *logoContainer, map, message*, definiti poco sopra. Per visualizzare le mappe di Google, Sencha Touch mette a disposizione il componente "map". Per poter visualizzare la mappa è necessario includere nell'header della pagina il link alle mappe di Google. Se non inserite il link allo script delle mappe dovreste ricevere un messaggio come il seguente: "Google Map API Required"

```
<script src="../touch/sencha-touch-all-debug.js">
</script>
<link
rel="stylesheet"href="../touch/resources/css/sencha-
touch.css" />
<script type="text/javascript"
src="http://maps.google.com/maps/api/js?sensor=false">
</script>
```

8.2 Popup

L'obiettivo di questo paragrafo è quello di arricchire la nostra interfaccia con nuove funzionalità. In particolare inseriremo una titlebar, e un button che una volta cliccato farà comparire un popup nel quale inseriremo informazioni personalizzate. Guardate il risultato finale che vogliamo ottenere:

Figura 8.2 – Gestione di un popup

Facendo "tap" sul button "Mappa" vogliamo vedere visualizzati come in figura rispettivamente: un'immagine, una mappa, un messaggio. Vi fornisco sotto il codice, iniziate a guardarlo, dopo il codice è presente la spiegazione dei concetti nuovi.

```
...
Ext.setup({
    onReady: function() {
    var popupContattiPanel =
    Ext.create('Ext.Panel', {
    html: 'Scrivi
    a info@appacademy.it
    per informazioni',
    floating: true,
```

```
modal: true,
hideOnMaskTap: true,
left: 0,
padding: 10,
});
var contactButton =
Ext.create('Ext.Button', {
listeners: [{
event: 'tap',
fn: function () {
popupContattiPanel.showBy(this);
}
}],
text: 'Contatti',
id: 'leftButton'
});
var titleBar = {
docked: 'top',
xtype: 'titlebar',
items: [
contactButton
]
};
var logoContainer = {
xtype: 'img',
src: 'Images/logo.jpg',
margin: '10 0 10 0',
flex: 1
};
var map = {
xtype: 'map',
useCurrentLocation: true,
border: 3,
style: 'border-color: blue;
border-style: solid;',
flex: 4
};
var message = {
xtype: 'component',
html:
'<center><h2>
Cerca sulla mappa</h2>
</center>',
margin: '10 0 10 0',
flex: 1
};
var mapScreenContainer = {
```

```
            xtype: 'container',
            iconCls: 'maps',
            title: 'Mappa',
            layout: 'vbox',
            items: [
            titleBar,
            logoContainer,
            map,
            message
            ]
            };
            var tabPanel =
            Ext.create('Ext.TabPanel', {
            fullscreen: true,
            tabBarPosition: 'bottom',
            defaults: {
            styleHtmlContent: true
            },
            items: [
            mapScreenContainer,
            {
            title: 'Lista',
            iconCls: 'list',
            html: 'Lista'
            }
            ]
            });
            Ext.Viewport.add(tabPanel);
} });
...
```

Bene se è tutto chiaro, partiamo con il codice. Per prima cosa abbiamo inserito una titlebar:

```
...
var titleBar = {
    docked: 'top',
    xtype: 'titlebar',
    items: [
        contactButton
    ]
};
...
```

Per vedere visualizzata la titlebar, inseritela all'interno del vettore degli items:

```
items: [
    titleBar,
    logoContainer,
    map,
    message
]
```

L'ordine con il quale si mette la titlebar negli item non importa. Verrà posizionata in alto perché si è impostata la proprietà *docked :' top'*.
Poi ho inserito un button:

```
var contactButton =
Ext.create('Ext.Button', {
    listeners: [{
        event: 'tap',
            fn: function () {
            popupContattiPanel.showBy(this);
        }
    }],
text: 'Contatti',
id: 'leftButton'
});
```

Per vederlo visualizzato dobbiamo collegarlo alla *titlebar*, ormai dovremmo avere imparato. Modificate la titlebar così:

```
var titleBar = {
    docked: 'top',
    xtype: 'titlebar',
    items: [
        contactButton
    ]
};
```

Molto bene. Ora vogliamo fare in modo che quando si fa il tap sul button compaia un popup nel quale sia scritta la mail a cui scrivere. Partiamo con il realizzare il popup. Usiamo un componente di tipo *Panel*, attenzione a non usare in questo caso un container, ci servirà un Panel perché questo componente ha proprietà aggiuntive rispetto al container.

```
var popupContattiPanel =
    Ext.create('Ext.Panel', {
        html: 'Scrivi a
        info@appacademy.it
        per informazioni',
        floating: true,
        modal: true,
        hideOnMaskTap: true,
        left: 0,
        padding: 10,
    });
```

Ci manca solo una cosa oramai. La gestione dell'evento tap sul button. Vogliamo che quando si fa il tap sul button venga mostrato il popup. Inseriamo il listener dell'evento tap nel button che avevamo creato in precedenza.

```
var contactButton =
    Ext.create('Ext.Button', {
    listeners: [{
        event: 'tap',
            fn: function () {
                popupContattiPanel.showBy(this);
            }
        }],
        text: 'Contatti',
        id: 'leftButton'
});
```

8.3 Conclusioni

Abbiamo visto altre opzioni per costruire web app sempre più complesse. In particolare abbiamo visto come inserire mappe nelle nostre applicazioni e come gestire popup personalizzati.
 Nota: gli screenshot che vedete sono stati ottenuti navigando l'applicazione con il plugin Ripple. Nel prossimo capitolo vedremo come gestire i *Form*.

9. Form Panel

"Un grammo di pratica è meglio di una tonnellata di teoria."
Swami Sivananda

Per mezzo della classe *Ext.form.Panel* è possibile gestire un set di campi di un form ed avere un modo efficace di caricare e salvare dati. Con un FormPanel è possibile gestire diversi tipi di dati, nell'immagine seguente potete vederli riassunti:

```
xtype                Class
---------------------------------------------
textfield            Ext.field.Text
numberfield          Ext.field.Number
textareafield        Ext.field.TextArea
hiddenfield          Ext.field.Hidden
radiofield           Ext.field.Radio
filefield            Ext.field.File
checkboxfield        Ext.field.Checkbox
selectfield          Ext.field.Select
togglefield          Ext.field.Toggle
fieldset             Ext.form.FieldSet
```

Figura 9.1 – Tipi di dati gestibili con un FormPanel.

In questo capitolo vedremo come creare un Form, come gestire l'inserimento dei dati all'interno del form, come fare il submit di questi dati verso un server.
Per esercitarci con i concetti sopra realizzeremo un semplice form di login.

9.1 I campi del Form

L'obiettivo è realizzare un form di login, quindi abbiamo bisogno di avere una schermata con due campi, che serviranno all'utente per inserire username e password. Realizzeremo una schermata come quella di seguito.

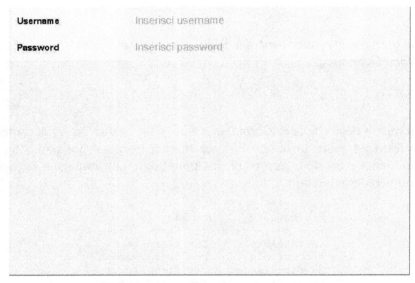

Figura 9.2 – Schermata form di login.

```
Ext.setup({
    onReady: function () {

        var formPanel =
            Ext.create("Ext.form.Panel", {

            items: [
                {
                    xtype: 'textfield',
                    label: 'Username',
                    name: 'username',
                    maxLength: 10,
                    placeHolder: "Inserisci
                            username"
                },
```

```
                              {
                                  xtype: 'passwordfield',
                                  label: 'Password',
                                  name: 'password',
                                  maxLength: 30,
                                  placeHolder: "Inserisci
                                                password"
                              },

                          ]

                      });

                      Ext.Viewport.add(formPanel);


                  }
              });
```

Per creare il formPanel istanziate la classe *Ext.form.Panel* e create due *field*, un *textfield* e un *passwordfield*. Nell'attributo *maxLength* di entrambi i campi, inserite il numero massimo di caratteri accettati per ognuno dei field, nel mio esempio ho inserito 10 caratteri per il campo username e 30 caratteri per il campo password. Nella proprietà *placeHolder* potete impostare la stringa che volete sia visualizzata quando non è stato inserito ancora nessun carattere. Eseguite l'esempio che trovate nella cartella "09" del codice sorgente e fate delle prove modificando le proprietà per acquisire meglio i concetti.

9.2 Login button

È arrivato il momento di interagire un pò di più con il nostro form panel. Inseriamo un button di login. Il caso d'uso è il seguente: l'utente inserisce username e password e clicca sul button Login. Il button login è in ascolto dell'evento tap, e quando si verifica questo evento invia le informazioni del form al servizio (api/Login), e poi processa la risposta del server, che può positiva (success) o negativa (failure).

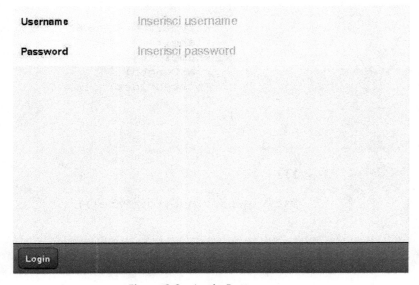

Figura 9.3 – Login Button.

```
Ext.setup({
    onReady: function () {

        var formPanel =
            Ext.create("Ext.form.Panel", {

            items: [
                {
                    xtype: 'textfield',
                    label: 'Username',
                    name: 'username',
                    maxLength: 10,
                    placeHolder: "Inserisci
                        username"
                },
                {
                    xtype: 'passwordfield',
                    label: 'Password',
                    name: 'password',
                    maxLength: 30,
                    placeHolder: "Inserisci
                        password"
                },
                {
                    xtype: 'toolbar',
```

```
                              docked: 'bottom',
                              layout: { pack: 'left' },
                              items: [{
                                      xtype: 'button',
                                      text: 'Login',
                                      handler: function () {
                      this.up().up().submit({
                              url: 'api/Login',
                              method: 'Post',
                      success: function (p1, data, response)
                      {
                              Ext.Msg.alert("Success: " +
                                      data.message);
                      }
                      failure: function (p1, data, response)
                      {
                              Ext.Msg.alert("Failed: " +
                              Ext.decode(response).Message);
                      }
                      });
                  }
              }

          ]
      }
    ]
  });
  Ext.Viewport.add(formPanel);
}
});
```

Mi soffermo sull'istruzione :

```
this.up().up().submit({
```

presente all'interno dell'handler. L'obiettivo dell'handler è inviare il form al server, ma per avere accesso al form bisogna salire di due livelli. Con *this.up()* si arriva all'interno dello scope della toolbar, con *this.up().up()* si arriva nello scope del form e si può chiamare il metodo submit.

Cliccando sul button login dovreste avere un errore 404 per il fatto che non c'è il servizio api/Login.

9.3 Get delle informazione presenti nel Form

L'obiettivo di questo paragrafo è riuscire a prendere le informazioni presenti nel form e visualizzarle all'interno di un popup alert.

Figura 9.4 – Get dei dati e presentazione all'interno di popup.

```
Ext.setup({
onReady: function() {
    var formPanel = Ext.create("Ext.form.Panel", {
        items: [
        {
            xtype: 'textfield',
            label: 'Username',
            name: 'username',
            maxLength: 10,
            placeHolder:
            "Inserisci username"
        },
        {
            xtype: 'passwordfield',
            label: 'Password',
            name: 'password',
```

```
            maxLength: 30,
            placeHolder:
            "Inserisci password"
    },
    {

        xtype: 'toolbar',
        docked: 'bottom',
        layout: { pack: 'left' },
        items: [
        {
            xtype: 'button',
            text: 'Login',
            handler: function () {
                this.up().up().submit({
                    url: 'api/Login',
                    method: 'Post',
                    success:
                        function (p1, data,
                            response) {
                            Ext.Msg.alert("Success:
                            " + data.message);
                        },
                    failure:
                        function (p1, data,
                        response) {
                            Ext.Msg.alert("Failed:
            " + Ext.decode(response).Message);
                        },
                });
            }
        },
        {

            xtype: 'button',
            text: 'Mostra dati Form',
            handler: function () {
                var theFormPanel = this.up().up();
                var formData =
                    theFormPanel.getValues();
                var username = formData.username;
                var password = formData.password;
                Ext.Msg.alert("User: " + username +
                    " Pass: " + password);
            }
        }
        ]
    }
]
```

```
    });
Ext.Viewport.add(tabPanel);
}
});
...
```

Il concetto nuovo nel codice sopra è l'acquisizione dei valori presenti nei campi del form. Inserite un altro button e nell'handler useremo la funzione *getValues()* per acquisire i valori del form. La funzione ritorna un oggetto, e sarà possibile accedere ai membri dell'oggetto usando come attributi i nomi (defininiti con name) dei fields inseriti nel form.

```
...
{
    xtype: 'button',
    text: 'Mostra dati Form',
    handler: function () {
        var theFormPanel = this.up().up();
        var formData = theFormPanel.getValues();
        var username = formData.username;
        var password = formData.password;
        Ext.Msg.alert("User: " + username + " Pass: " +
password);
    }
} ...
```

9.4 Conclusioni

Abbiamo visto come gestire form in Sencha Touch. Come prendere i dati che l'utente inserisce all'interno dei campi di un form, come inviare i dati ad un server e come gestire la risposta del server.

Nel prossimo capitolo studieremo gli *Store*, che useremo per salvare i dati necessari all'applicazione.

10.   Store

"Gli ostacoli sono quelle cose spaventose che vedi quando perdi di vista la meta."
Henry Ford

Uno Store è un meccanismo per gestire il salvataggio dei dati ed è implementato attraverso la classe *Ext.data.Store*. Attraverso uno store è possibile salvare e recuperare dati. Inoltre questa classe fornisce funzioni per fare *sorting, filtering e grouping* dei dati. In questo capitolo vedremo:

- Come salvare dati in uno store
- Come iterare tra gli elementi di uno store
- Come ordinare gli elementi di uno store
- Come filtrare gli elementi di uno store
- Come presentare i dati con una dataview
- Come personalizzare lo stile degli elementi di una dataview

10.1 Salvare dati in uno store

Creiamo uno store *Ext.data.Store*. Uno store è una collezione di record. L'obiettivo di questo paragrafo è realizzare un'applicazione dove andremo a definire uno store, salvare dei dati nello store e successivamente contare quanti dati sono presenti. Questa volta il feedback lo avremo all'interno della console di debug di Chrome come rappresentato nella figura successiva:

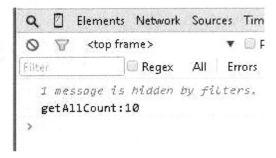

Figura 10.1 – Feedback nella console di debug.

```
...
Ext.setup({
onReady: function() {
var store = Ext.create("Ext.data.Store", {
    storeId:  "attrazioniStore",
    data: [
    {
        name: 'Museo del cinema di Torino',
        type: 'Museo',
        id: 1,
        latitude: '45.0693174',
        latitude: '7.69304484',
        address: 'Via Montebello, 20
                - 10124 Torino',
        phone: '+390118138511'
    },
    {

        name: 'Basilica di Superga',
        type: 'Costruzione storica',
        id: 2,
        latitude: '45.070982',
        longitude: '7.685676',
        address: 'Strada Basilica di Superga,
                73, 10132 Torino',
        phone: '+390118997456'
    },
    {
        name: 'Mole Antonelliana',
        type: 'Costruzione storica',
```

```
        id: 3,
        latitude: '45.0690246',
        longitude: '7.6932346',
        address: 'Via Montebello,
                - 10124 Torino',
        phone: '+390118138511'
},
{
        name: 'Piazza Castello',
        type: 'Planetario',
        id: 4,
        latitude:'45.070982',
        longitude: '7.685676',
        address: 'Piazza Castello
                - 10122 Torino',
        phone: ''
},
{
        name: 'Planetario di Torino',
        type: 'Museo',
        id: 5,
        latitude:'45.039719',
        longitude: '7.761858',
        address: 'Via Osservatorio, 30
                - 10025 Pino Torinese TO',
        phone: '+390118118740'
},
{
        name: 'Palazzo Madama',
        type: 'Costruzione storica',
        id: 6,
        latitude: '45.070982',
        longitude: '7.685676',
        address: 'Piazza Castello
            - 10122 Torino',
        phone: ''
},
{
        name: 'Piazza Vittorio Veneto',
        type: 'Piazza',
        id: 7,
        latitude: '45.064258',
        longitude: '7.696276',
        address: 'Piazza Vittorio Veneto
            - 10123 Torino',
        phone: ''
},
```

```
{
    name: 'Museo Egizio',
    type: 'Museo',
    id: 8,
    latitude: '45.06843',
    longitude: '7.684304',
    address: 'Via Accademia delle Scienze, 6
            - 10123 Torino',
    phone: '+390115617776'
},
{
    name: 'Reggia di Venaria',
    type: 'Costruzione Storica',
    id: 9,
    latitude: '45.135972',
    longitude: '7.623365',
    address: 'Piazza della Repubblica, 4
            - 10078 Venaria Reale TO',
    phone:'+390114992333'
},
{
    name: 'Borgo Medievale',
    type: 'Borgo',
    id: 10,
    latitude: '45.049045',
    longitude: '7.685201',
    address: 'Viale Virgilio, 107
            - 10126 Torino',
    phone: '+390114431701'
}

]
});

console.log("getAllCount:"
        + store.getCount());

}
});
...
```

Per instanziare uno store si usa come al solito l'istruzione *Ext.create* e si instanzia la classe *Ext.data.Store*.

```
var store = Ext.create("Ext.data.Store", {
        storeId: "attrazioniStore",
```

```
});
```

storeId è l'identificativo unico di questo store. Se è presente, lo store sarà registrato attraverso *Ext.data.StoreManager*, rendendo più semplice il suo riutilizzo da altri punti dell'applicazione. Creato lo store il problema immediatamente successivo è quello di inserire dei dati nello store. Ci sono diversi modi per caricare uno store, si può caricare attraverso dei file, json, jsonp, xml, rest, ecc.., siccome è il primo esempio di applicazione che usa gli store useremo un array di oggetti JavaScript. Guardate il codice seguente:

```
var store = Ext.create("Ext.data.Store", {
storeId: "attrazioniStore",
    data: [
    {
        name: 'Museo del cinema di Torino',
        type: 'Museo',
        id: 1,
        latitude: '45.0693174',
        latitude: '7.69304484',
        address: 'Via Montebello, 20
                - 10124 Torino',
        phone: '+390118138511'
    },
    {
        name: 'Basilica di Superga',
        type: 'Costruzione storica',
        id: 2,
        latitude: '45.070982',
        longitude: '7.685676',
        address: 'Strada Basilica di Superga,
                73, 10132 Torino',
        phone: '+390118997456'
    },
    {
        name: 'Mole Antonelliana',
        type: 'Costruzione storica',
        id: 3,
        latitude: '45.0690246',
        longitude: '7.6932346',
        address: 'Via Montebello,
                - 10124 Torino',
        phone: '+390118138511'
    },
    {
```

```
        name: 'Piazza Castello',
        type: 'Planetario',
        id: 4,
        latitude:'45.070982',
        longitude: '7.685676',
        address: 'Piazza Castello
              - 10122 Torino',
        phone: ''
},
{
        name: 'Planetario di Torino',
        type: 'Museo',
        id: 5,
        latitude:'45.039719',
        longitude: '7.761858',
        address: 'Via Osservatorio, 30
              - 10025 Pino Torinese TO',
        phone: '+390118118740'
},
{
        name: 'Palazzo Madama',
        type: 'Costruzione storica',
        id: 6,
        latitude: '45.070982',
        longitude: '7.685676',
        address: 'Piazza Castello
            - 10122 Torino',
        phone: ''
},
{
        name: 'Piazza Vittorio Veneto',
        type: 'Piazza',
        id: 7,
        latitude: '45.064258',
        longitude: '7.696276',
        address: 'Piazza Vittorio Veneto
            - 10123 Torino',
        phone: ''
},
{
        name: 'Museo Egizio',
        type: 'Museo',
        id: 8,
        latitude: '45.06843',
        longitude: '7.684304',
        address: 'Via Accademia delle Scienze, 6
              - 10123 Torino',
```

```
        phone:  '+390115617776'
    },
    {
        name:  'Reggia di Venaria',
        type:  'Costruzione Storica',
        id: 9,
        latitude: '45.135972',
        longitude: '7.623365',
        address: 'Piazza della Repubblica, 4
                - 10078 Venaria Reale TO',
        phone:'+390114992333'
    },
    {
        name:  'Borgo Medievale',
        type:  'Borgo',
        id: 10,
        latitude: '45.049045',
        longitude: '7.685201',
        address: 'Viale Virgilio, 107
                - 10126 Torino',
        phone:  '+390114431701'
    }

]   });
```

Per verificare che effettivamente l'array di dati è stato caricato nello store facciamo il log nella console il numero degli elementi presenti nello store.

```
console.log("getAllCount:"
+ store.getCount());
```

Provate ad eseguire questa applicazione e verificare che anche nel vostro store avete i 10 elementi.

10.2 Iterare tra gli elementi di uno store

Adesso che abbiamo il nostro store che contiene 10 records, vogliamo iterare tra gli elementi loggando sulla console del browser alcune informazioni degli elementi. Per iterare usiamo la seguente funzione:

```
store.each(function (rec) {

    console.log("Nome Attrazione: " +
            rec.get("name"));
});
```

La funzione each itera su ogni elemento dello store e ad ogni iterazione salva il record corrente nella variabile rec. Nel nostro codice ad ogni iterazione andremo a prendere (get) un campo del record (in questo caso name) e lo logghiamo nella console. Accodate il codice sopra all'esempio visto nel paragrafo precedente e se eseguite il codice dovreste ritrovarvi una risposta simile a quella della figura sotto:

```
getAllCount:10
Nome Attrazione: Museo del cinema di Torino
Nome Attrazione: Basilica di Superga
Nome Attrazione: Mole Antonelliana
Nome Attrazione: Piazza Castello
Nome Attrazione: Planetario di Torino
Nome Attrazione: Palazzo Madama
Nome Attrazione: Piazza Vittorio Veneto
Nome Attrazione: Museo Egizio
Nome Attrazione: Reggia di Venaria
Nome Attrazione: Borgo Medievale
>
```

Figura 10.2 – Feedback nella console di debug.

10.3 Ordinare gli elementi di uno store

Quando si ha una collezione di elementi nasce la necessita di ordinarli. Per ordinare in base ad un campo del record si usa il metodo sort dell'oggetto store. Nell'esempio sotto ordiamo in base al contenuto di *name*:

```
store.sort("name");
```

Nell'esempio di seguito ordiniamo lo store e successivamente presentiamo i record ordinati nella console di debug. Il codice completo come al solito lo trovate nei sorgenti scaricati.

```
...
console.log("getAllCount:" + store.getCount());
store.sort("name");

store.each(function (rec) {
    console.log("Nome Attrazione: " +
                rec.get("name"));
});
...
```

Si può fare un ordinamento ascendente o discendente, rimando alla documentazione per tutti i dettagli: *Ext.data.Store* Se eseguite il codice dovreste ritrovarvi una risposta simile a quella della figura sotto:

```
getAllCount:10
Nome Attrazione: Basilica di Superga
Nome Attrazione: Borgo Medievale
Nome Attrazione: Mole Antonelliana
Nome Attrazione: Museo Egizio
Nome Attrazione: Museo del cinema di Torino
Nome Attrazione: Palazzo Madama
Nome Attrazione: Piazza Castello
Nome Attrazione: Piazza Vittorio Veneto
Nome Attrazione: Planetario di Torino
Nome Attrazione: Reggia di Venaria
>
```

Figura 10.3 – Ordinare uno store.

10.4 Filtrare elementi di uno store

In questo paragrafo impareremo ad utilizzare i filtri per prendere tutti gli elementi che hanno una determinata caratteristica. Dal nostro store vogliamo prendere tutti gli elementi che hanno "name = Planetario di Torino". Come facciamo ?

```
store.filter('name', 'Planetario di Torino');

store.each(function (rec) {
    console.log("Dopo il filtro: " +
        rec.get("name"));
});
```

Risultato:

```
getAllCount:10
Dopo il filtro: Planetario di Torino
>
```

Figura 10.4 – Filtrare elementi di uno store.

10.5 Presentare i dati con una dataview

E' arrivato il momento di far vedere anche all'utente cosa c'è nello store. Per fare questo utilizzeremo un oggetto dataview. Dal nostro store vogliamo prendere tutti gli elementi che hanno "name = Planetario di Torino". Come facciamo ?

Iniziamo a guardare il risultato che vogliamo ottenere. Di seguito visto da un desktop:

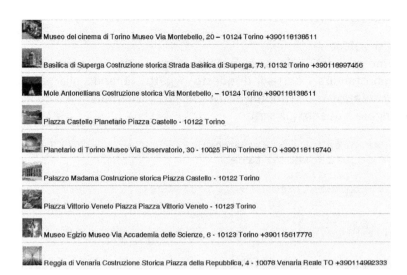

Figura 10.5 – Presentare i dati con una dataview.

Questa invece è la vista da un dispositivo mobile, uno smartphone:

Figura 10.6 – Presentare i dati con una dataview, vista da smartphone

Come si ottiene ?
Abbiamo già i dati nello store, per visualizzarli usiamo l'oggetto dataview.
Per approfondire i dettagli di questo oggetto rimando alla pagina della
documentazione: *Ext.dataview.DataView*. Guardate il codice, da
aggiungere a quanto già scritto:

```
var dataView = Ext.create('Ext.DataView', {
    fullscreen: true,
    store: store,
    itemTpl: '<div><img src=img/{id}.jpg  width=50
        />    {name} {type}           {address}
        {phone}  </div><hr/>'
});

Ext.Viewport.add(dataView);
```

Oltre ad istanziare l'oggetto *dataview*, specifichiamo da dove vengono i
dati che si vogliono rappresentare, nel nostro caso dallo store creato nei
passi precedenti.
Ma come facciamo a dire alla dataview il modo di rappresentare i dati ?
Specificando il template dell'item (*itemTpl*). All'interno del template
scriviamo codice html prendendo le variabili presenti nello store. Un
record dello store è fatto così:

```
    ...
{
    name: 'Museo del cinema di Torino',
    type: 'Museo',
    id: 1,
    latitude: '45.0693174',
    longitude: '7.69304484',
    address: 'Via Montebello, 20
            - 10124 Torino',
    phone: '+390118138511'
},
    ...
```

Nel template (*itemTpl*) della dataview possiamo fare riferimento ai
campi del record usando le parentesi graffe. Un altro concetto
interessante è il fatto che la dataview è collegata allo store specificato.
Questo significa che se ordinate lo store, questo attiverà un refresh della

dataview e vi visualizzerete gli elementi ordinati. Le cose iniziano a diventare interessanti ?

10.6 Migliorare lo stile degli elementi presentati

Nel paragrafo precendente abbiamo visualizzato gli elemento usando una dataview. Se però guardate il risultato dal punto di vista della presentazione non è il massimo. In questo paragrafo impareremo a dare un po' di stile alla nostra interfaccia. Come al solito guardate il risultato che intendiamo ottenere sia su desktop che su smartphone.

Figura 10.7 – Lo stile degli elementi.

Questa invece è la vista da un dispositivo mobile, uno smartphone:

Figura 10.8 – Lo stile degli elementi, vista da smartphone.

Gli angoli delle immagini sono arrotondati, le strighe sono presentate con degli stili diversi. Per ottenere il risultato sopra lavoriamo con i css. Guardate il css in basso. Definisce le proprietà sugli elementi che ci interessano. Copiatelo nell'head della vostra applicazione.

```
...

<style>
    h3 {
        margin-top: 0.3em;
        font-size: 1.2em;
    }

    h4 {
        color: #999;
        margin-bottom: 0.3em;
    }
    .avatar {
      background-position: center center;
```

```
        -webkit-border-radius: 0.5em;
        float: left;
        border: 0;
        border-radius: 0.5em;
        margin-right: 10px;
        margin-top: 5px;
        margin-left: 3px;
        width: 40px;
        height: 40px;
        background-size: 40px auto;
        background-repeat:no-repeat;
    }
</style>

....

var dataView = Ext.create('Ext.DataView', {
    fullscreen: true,
    store: attstore,
    itemTpl:'&lt;div class="avatar"
            style="background-image:
                url(img/{id}.jpg)"></div>',
            '<h3>{name}</h3>',
            '<h4>{type}</h4>'.
});

Ext.Viewport.add(dataView);
```

10.7 List e group

Ora vogliamo raggruppare le informazioni della nostra dataview in base al campo type. In Sencha Touch esiste la proprietà group, ma questa è una proprietà che ha una classe che specializza la classe dataview, si tratta della classe *Lists* (*Ext.dataview.List*). E' possibile fare riferimento alla classe Lists in due modi, usando il percorso intero quindi *Ext.dataview.List* o uno shortcut *Ext.List*.

Un immagine può essere più esplicativa di tante parole. Guardate negli screenshot in basso il risultato che si vuole ottenere.

Figura 10.9 – list e group.

Di seguito la vista da smartphone:

Figura 10.10 – list e group, vista da smartphone.

Per raggruppare i dati presi dallo store in base ad una logica bisogna scrivere questa logica. Nel nostro caso vogliamo raggrapparli in base al type. Quindi scriveremo un grouper come proposto di seguito:

```
grouper: {
    groupFn: function (record) {
        var type = record.get("type");
        return type;
    }
}
```

Come abbiamo detto all'inizio del paragrafo per sfruttare questa potenzialità dobbiamo usare una specializzazione delle dataview che sono le *lists*. Come le dataview in lists e attiviamo la proprietà *grouper*.

```
var dataView = Ext.create('Ext.List', {
fullscreen: true,
store: store,
grouped: true,
itemTpl: [
        '<div class="avatar" style="background-
image:
    url(img/{id}.jpg)"></div>',
        '<h3>{name}</h3>',
        '<h4>{type}</h4>'
    ]
});
```

Per dare un altro tocco di stile, ho ingrandito le immagini da 40px a 50px modificando la classe avatar del css. Provate a farlo anche voi. Molte bene. Iniziate ad avere le prime soddisfazioni ?

10.8 Conclusioni

In questo capitolo abbiamo inserito importanti tasselli al nostro bagaglio di conoscenze su Sencha Touch. Abbiamo iniziato a conoscere e a fare pratica con gli store, fondamentali come vedremo per costruire un'architettura MVC per le nostre applicazioni. Abbbiamo fatto un po di pratica con gli oggetti come le dataview e le list che sfruttano gli store. Nel prossimo capitolo ci confronteremo con i Model, che ci permetteranno di organizzare e gestire meglio i dati nello store.

11. Model

"Quello che hai da fare, fallo adesso. Il futuro non è promesso a nessuno"
Wayne W. Dyer

Sencha Touch permette di gestire i dati all'interno degli store in modo più efficiente rispetto alla modalità che abbiamo visto nel capitolo precedente, dove abbiamo inserito i dati nello store attraverso dei records.
Sencha Touch mette a disposizione la classe *Ext.data.Model*, attraverso la quale è possibile definire un modello dati, istanziarlo, si può gestire la validazione dei campi, gestire le associazioni con altri modelli di dati, è possibile collegare il modello dati a delle sorgenti di dati locali o remote. Attraverso un modello dati si semplifica la gestione del caricamento di uno store con dati provenienti da un servizio web. L'utilizzo dei modelli semplifica il lavoro con gli store e rende il processo molto più intuitivo.
In questo capitolo riscriveremo l'applicazione vista nel capitolo precedente migliorando la gestione dei dati grazie all'inserimento del modello dati.

11.1 Creare e utilizzare un modello dati

Definiamo il modello per gestire i dati che vogliamo inserire nello store.
Se il record è:

```
    ...
{
    name: 'Museo del cinema di Torino',
    type: 'Museo',
    id: 1,
    latitude: '45.0693174',
    longitude: '7.69304484',
    address: 'Via Montebello, 20
        - 10124 Torino',
    phone: '+390118138511'
},
    ...
```

La definizione del modello dati con l'informazione del tipo di dato sarà il
seguente:

```
    ...
Ext.define('attrazioniModel', {
    extend: 'Ext.data.Model',
    config: {
        fields: [
            {
                name: 'name',
                type: 'string'
            },
            {
                name: 'type',
                type: 'string'
            },
            {
                name: 'id',
                type: 'int'
            },
            {
                name: 'latitude',
                type: 'string'
            },
            {
                name: 'longitude',
                type: 'string'
```

```
        },
        {
            name: 'address',
            type: 'string'
        },
        {

            name: 'phone',
            type: 'string'
        }
    ]
    }
});
...
```

Quindi nella definizione dello store dovremo specificare che questo store
è collegato al modello dati *attrazioniModel*. Il codice dello store diventa:

```
...
var store = Ext.create("Ext.data.Store", {
model: 'attrazioniModel',
storeId: "attrazioniStore",
data: [
    {
        name: 'Museo del cinema di Torino',
        type: 'Museo',
        id: 1,
        latitude: '45.0693174',
        longitude: '7.69304484',
        address: 'Via Montebello, 20
            - 10124 Torino',
        phone: '+390118138511'
    },
    {
       .....
    }

],

    grouper: {
        property: 'type',
    }

});
...
```

Provate ad eseguire di nuovo l'applicazione. Dovrestre vedere la stessa interfaccia che è stata ottenuta nel capitolo precedente.

Figura 11.1 – Modello dati.

Figura 11.2 – Modello dati, vista da smartphone.

Può sembrare che con l'aggiunta del modello dati abbiamo complicato il processo, ma non è così, e la cosa sarà molto evidente man mano che l'applicazione crescerà. L'obiettivo che abbiamo raggiunto in questo paragrafo è stato quello di separe i dati e la loro gestione dallo store che utilizzeremo solo per immagazzinare i dati.

11.2 Validazione del modello dati

In questo paragrafo vedremo come sfruttare il fatto di avere intradotto il modello dei dati. Il primo vantaggio pratico è quello di poter fare una validazione sui dati. Ad esempio nell'applicazione che si stà sviluppando potrebbe essere importante che un dato sia presente (*presence*), o che il dato che si inserisce per un certo campo abbia una lunghezza minima (*length*) o ancora che il dato in un altro campo include determinati caratteri (*inclusion*) o che non li contenga (*exclusion*) , o che siano coerenti con un certo formato. Sencha Touch ci dà la possibilità di validare i campi dei dati in base a 5 criteri: presenza (*presence*), lunghezza (*length*), inclusione (*inclusion*), esclusione (*exclusion*) e formato (*format*).

Inseriamo la validazione:

```
Ext.define('attrazioniModel', {
    extend: 'Ext.data.Model',
    config: {
        fields: [
            {
                name: 'name',
                type: 'string'
            },
            {
                name: 'type',
                type: 'string'
            },
            {
                name: 'id',
                type: 'int'
            },
            {
                name: 'latitude',
                type: 'string'
            },
            {
                name: 'longitude',
                type: 'string'
            },
            {
                name: 'address',
                type: 'string'
            },
            {
                name: 'phone',
                type: 'string'
            }
        ],

        validations: [
            {
                type: 'presence',
                field: 'name'
            },
            {
                type: 'presence',
```

```
                    field: 'type'
        },
        {
                    type: 'length',
                    field: 'phone',
                    min: 8
        },
        {
                    type: 'length',
                    field: 'address',
                    min: 5
        },
        {
                    type: 'format',
                    field: 'phone',
                    matcher: /^[0-9]+$/
        }
        ]

    }
});
```

Concentriamoci sui criteri di validazione. Stiamo dicendo che il campo "*name*" deve essere presente, il campo "*type*" deve essere presente, il campo "*phone*" deve avere una lunghezza minima di 8 caratteri, il campo "*address*" una lunghezza minima di 5 caratteri e ancora che il campo "*phone*" deve avere un formato numerico.

Per verificare se la validazione funziona, creiamo un oggetto a partire dal modello e verifichiamo la sua validità. Il codice è il seguente:

```
var attrazioniModel1 =
    Ext.create('attrazioniModel',
    {
        name: 'Museo del cinema',
        type: '',
        id: '',
        latitude: '45.0693174',
        longitude: '7.69304484',
        address: 'Mond',
        phone: '+453fds'
    });
```

```
if (!attrazioniModel1.isValid()) {
    var errors = attrazioniModel1.validate();
    errors.each(function (rec) {
        console.log(rec.getField() + ":"
        + rec.getMessage());
    });
}
```

Stiamo violando diverse regole della validazione che abbiamo scelto. Lanciate l'applicazione e verificate il feedback nella console log del browser.

```
type:must be present
phone:is the wrong length
address:is the wrong length
phone:is the wrong format
>
```

Figura 11.3 – Feedback delle violazioni.

La tecnica della validazione dei dati prima di inserirli nella store è molto importante e di conseguenza usatissima.

11.3 Conclusioni

Abbiamo imparato a definire i modelli di dati per mezzo di *Ext.data.Model*, ci serviranno per organizzare e gestire meglio le nostre applicazioni. Nel prossimo capitolo vedremo come popolare uno store grazie a dati non più hard coded nell'applicazione, ma acquisiti da fonti esterne.

12. Connessioni Remote

"Spesso restiamo a fissare cosi a lungo la porta chiusa da non riuscire a scorgere quella che ci è stata aperta."
Helen Keller

Uno store può essere caricato attraverso un *proxy*. Sencha Touch ha due tipi principali di proxy: i proxy di tipo client e i proxy di tipo server. I proxy di tipo client permettono di salvare dati provenienti da una sorgente locale nello store. I proxy di tipo server permettono di salvare nello store i dati provenienti da una sorgente remota. Un server proxy comunica inviando richieste a server remoti. Sencha Touch offre quattro tipi di server proxy già pronti all'uso.

Ext.data.proxy.Ajax
Invia una richiesta ad un server che si trova sullo stesso dominio sul quale è avviata l'applicazione Sencha Touch che fa la richiesta. La richiesta viene fatta attraverso Ajax.

Ext.data.proxy.JsonP

Invia una richiesta ad un server che si trova su un dominio diverso rispetto a quello sul sul quale è avviata l'applicazione Sencha Touch che fà la richiesta. La richiesta viene fatta attraverso JsonP.

Ext.data.proxy.Rest
E' un tipo di proxy ajax che permette di gestire le quattro azioni di un servizio RESTful: create, read, update, destroy.

Ext.data.proxy.Direct
Permette la comunicazione tra l'applicazione Sencha (lato client) e tutte le varie tipologie di piattaforme server.
In questo libro implementeremo le due tipologie di proxy server più utilizzate: il proxy AJAX e il proxy JSONP. Vedremo:

- Come salvare e recuperare dati da uno stesso dominio usando AJAX
- Come implementare un AJAX proxy
- Come fare una richiesta AJAX
- Come recuperare dati da un dominio diverso attraverso JSONP
- Come implementare un JSONP proxy
- Come fare una richiesta JSONP

12.1 Implementare un proxy AJAX

AJAX è l'acronimo di Asynchronous JavaScript e XML. Nonostante il nome, non è richiesto l'uso di XML, spesso si usa JSON. Con AJAX i dati che devono essere recuperati, o in generale lo script che crea questi dati, e la web application si trovano sullo stesso dominio. L'obiettivo di questo paragrafo è quello di caricare i dati delle attrazioni da un file json locale e non più attraverso un array JavaScript. Essendo il file json locale, useremo un proxy Ajax. Il proxy Ajax può essere dichiarato o nel modello o nello store. Io scelgo di dichiararlo nello store per il fatto che in applicazioni complesse con tanti modelli e tanti store, spesso alcuni modelli sono condivisi tra diversi store che devono essere caricati con proxy di tipo diverso.

```
...
config: {
  // model o store

  proxy: {
      type: 'ajax',
      url: 'data/data.json'
  }
}
...
```

In basso ho riportato una porzione del file *attrazioni.json*. Da notare che gli elementi che ci interessano sono sotto una root che è attractions. Questa osservazione ci servirà per impostare correttamente il proxy.

```
{
"success": true,
"attractions": [
{
    "id": 1,
    "name": "Museo del cinema di Torino",
    "type": "Museo",
    "latitude": 45.0693174,
    "longitude": 7.69304484,
    "address": "Via Montebello, 20
            - 10124 Torino",
    "phone": "+390118138511",
    "image":
"http://www.appacademy.it/book/attrazioniTorino/1.jpg"
},
{
    "id": 2,
    "name": "Basilica di Superga",
    "type": "Costruzione storica",
    "latitude": 45.070982,
    "longitude": 7.685676,
    "address": "Strada Basilica di Superga,
            73, 10132 Torino",
    "phone": "+390118997456",
    "img":
"http://www.appacademy.it/book/attrazioniTorino/2.jpg"
},
{
```

```
"id": 3,
"name": "Mole Antonelliana",
"type": "Costruzione storica",
"latitude": 45.0690246,
"longitude": 7.6932346,
"address": "Via Montebello,
    - 10124 Torino",
"phone": "+390118138511",
"img":
"http://www.appacademy.it/book/attrazioniTorino/3.jpg"
},
...
```

Nel capitolo precedente avevamo creato l'applicazione *StoreModel_Validation.html*, nella quale avevamo definito manualmente i dati che poi avevamo validato in base al modello. Per andare avanti cancellate gli oggetti di test. In pratica dovrete cancellare il codice seguente:

```
var attrazioniModel1 =
Ext.create('attrazioniModel',
{
    name: 'Museo del cinema',
    type: '',
    id: '',
    latitude: '45.0693174',
    longitude: '7.69304484',
    address: 'Mond',
    phone: '+453fds'
});

if (!attrazioniModel1.isValid()) {
    var errors = attrazioniModel1.validate();
    errors.each(function (rec) {
        console.log(rec.getField() + ":"
            + rec.getMessage());
    });
}
```

A questo punto possiamo modificare lo store per raccogliere i dati dalla sorgente json. Dovremo cancellare l'array data, impostare la proprietà *autoload* dello store al valore "true" e inserire il codice relativo al proxy. La porzione di codice relativa allo store cambierà nel seguente modo:

```
var store = Ext.create("Ext.data.Store", {
    autoLoad: true,
    model: 'attrazioniModel',
    storeId: "attrazioniStore",
    proxy: {
        type: 'ajax',
        url: 'Data/attrazioni.json',
        reader: {
            type: 'json',
            rootProperty: 'attractions'
        }
    },
    grouper: {
        property: 'type',
    }

});
```

Nel proxy è stata impostato la posizione fisica dove trovare il file json:

```
url: 'Data/attrazioni.json',
```

E' stato definito il tipo di reader che si vuole usare Json e la rootProperty. Dal punto di vista di presentazione all'utente il risultato non cambia, dovreste vedere:

Figura 12.1 – Proxy Ajax.

Figura 12.2 – Proxy Ajax, vista da smartphone.

12.2 Implementare un proxy JSONP

Come abbiamo anticipato nell'introduzione, AJAX in generale non permette di inviare e ricevere dati da un dominio diverso rispetto a quello dove è ospitata l'applicazione per problemi di cross-domain policy.

Quindi per queste situazioni Sencha Touch ci mette a disposizione il protocollo JSONP.

JSONP stà per JSON *con Padding* e permette le richieste **cross-domain**. All'indirizzo www.appacademy.it/book/get.php si trova un servizio che restituisce i dati che finora abbiamo caricato localmente attraverso AJAX. In questo paragrafo vedremo come collegarci al servizio remoto per prendere i dati e visualizzarli. Cambia solo il modo con cui acquisiremo i dati, quindi modificheremo solo lo store *AttrazioniStore*. Le modifiche da fare sono sul tipo di proxy che da ajax diventa jsonp e sull'url che non è più locale, ma punterà all'url http://www.appacademy.it/book/get.php. Quindi il nuovo AttrazioniStore è:

```
var store = Ext.create("Ext.data.Store", {
autoLoad: true,
model: 'attrazioniModel',
storeId:  "attrazioniStore",
proxy: {
    type: 'jsonp',
    url: 'http://www.appacademy.it/book/get.php',
    reader: {
        type: 'json',
        rootProperty: 'attractions'
    }
},
grouper: {
    property: 'type',
}

});
```

12.3 Presentare le informazioni dell'item selezionato

Nella lista sono presentate all'utente solo alcune informazioni dell'attrazione, l'obiettivo di questo paragrafo è quello di imparare a presentare all'utente le altre informazioni dell'oggetto selezionato.

Quello che vogliamo ottenere alla fine è un'applicazione che si presenta come gli screenshot sottostanti:

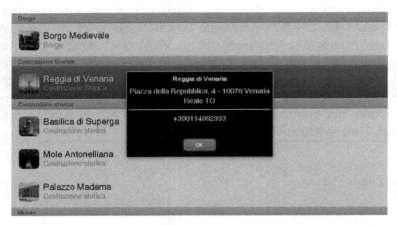

Figura 12.3 – Le informazioni presentate in un popup.

Figura 12.4 – Le informazioni presentate in un popup, vista da smartphone.

Vogliamo che l'evento di selezione di un item nella lista attivi la visualizzazione di un popup e nel popup vogliamo presentare informazioni aggiuntive dell'elemento selezionato.

```
...
var dataView = Ext.create('Ext.List', {
fullscreen: true,
store: store,
grouped: true,
itemTpl: [
    '<div class="avatar"
        style="background-image:
url(img/{id}.jpg)"></div>'
    '<h3>{name}</h3>',
    '<h4>{type}</h4>'
    ],
    listeners: {
    select: function (view, record,eOpts) {
        debugger;
        var message = record.getData().address +
            '<br/><hr/>';
        message += record.getData().phone +
            '<br/><br/>';
        console.log(message);
        Ext.Msg.alert(record.getData().name, message);
    }
}

});
...
```

Per raggiungere il nostro obiettivo inseriamo un listener all'interno della lista, e stabiliamo che rimanga in ascolto dell'evento select sulla lista. Nella funzione di gestione dell'evento select scriviamo il codice per creare il messaggio raccogliendo le informazioni necessarie dal record selezionato e quindi presentiamo il messaggio attraverso un messaggio di alert. Il concetto nuovo introdotto in questo paragrafo è l'acquisizione dei campi del record. Il framework Sencha Touch crea dei setter e getter per le proprietà delle classi che si instanziano.

Cerchiamo di capire cosa significa. Inserite un debugger all'inizio della funzione di select.

```
...
listeners: {
```

```
select: function (view, record,eOpts) {
    debugger;
        var message = record.getData().address +
            '&lt;br/&gt;&lt;hr/&gt;';
        message += record.getData().phone +
            '&lt;br/&gt;&lt;br/&gt;';
    console.log(message);
    Ext.Msg.alert(record.getData().name, message);
}
}

});
...
```

Aprite la console di debug del vostro browser, avviate l'applicazione e selezionate un elemento della lista per entrare nella funzione di gestione dell'evento select.

Figura 12.4 – Debug applicazione.

Sappiamo che le informazioni sono all'interno dell'oggetto record, potete comunque vedere cosa c'è all'interno degli altri oggetti. Se vi posizionate con il mouse su record comparirà un menu contestuale a record che presenta le proprietà di record. Andando ad aprire data potrete vedere tutti gli elementi che ci interessano. Quindi per poter prendere i valori che ci interessano useremo il metodo get su data (ricordatevi di mettere data con la D maiuscola: *getData*) e con l'operatore "." (punto) accederemo alla proprietà di nostro interesse. Per prendere il contenuto di address:

```
record.getData().address
```

Fate un pò di prove con le altre proprietà. Questo è un concetto che userete tantissimo.

12.4 Conclusioni

Abbiamo visto come gestire le connessioni remote jsonp e ajax, visualizzare le informazioni e gestire il controllo, modelli e store. A questo punto abbiamo le basi per affrontare la seconda parte di questo libro, dove realizzeremo un'applicazione più complessa rafforzando i concetti acquisiti, apprendendone di nuovi.

Parte 2

Capitolo 13. **Il processo di sviluppo**. Creeremo il progetto Sencha Touch dell'applicazione che ci accompagnerà nella seconda parte e analizzeremo il processo di sviluppo.

Capitolo 14. **ATOApp: Navigazione, Liste e Mappe**. Inseriremo due architetture di navigazione delle schermate dell'app e approfondiremo le conoscenze su liste e mappe.

Capitolo 15. **XTemplate e NavigationView**. In questo capitolo realizzeremo la schermata di dettaglio della nostra applicazione e implementeremo le funzioni per gestire le transizioni sugli eventi di tap sull'item della lista e tap sul marker nella mappa.

Capitolo 16. **Web App Multilingua**. In questo capitolo vedremo come localizzare la nostra applicazione basata su Sencha Touch. Vedremo come localizzare i messaggi specifici del framework e i messaggi della nostra applicazione.

Capitolo 17. **Profili: UX differente in base al dispositivo**. L'obiettivo di questo capitolo è quello di realizzare una user experience per tablet da aggiungere a quella già creata, che renderemo disponibile agli smartphone, e di fare in modo che il dispositivo utilizzi la âoeuser experINcence adatta.

Capitolo 18. **Popup e impostazioni**. Impareremo a creare dei popup, ad attivarli e ad utilizzarli per dare la possibilità all'utente di modificare le impostazione della web app.

Capitolo 19. **Temi e Stili**. Impareremo a creare temi per la nostra applicazione, in modo che si presenti più accattivante. Vedremo come usare dei font e icone custom.

Capitolo 20. **Creare un pacchetto nativo**. Vedremo diverse metodologie per creare pacchetti nativi. Vedremo come creare i nostri pacchetti nativi anche senza avere installatto l'sd del sistema operativo per il quale vogliamo creare l'applicazione. Ossia vedremo come creare un app per iOS senza avere un Mac e relativo sdk (xCode) installati, discorso equivalente per le altre piattaforme.

13. App TorinoAttrazioni

*"L'unico vero **viaggio** verso la scoperta non consiste nella ricerca di nuovi paesaggi, ma nell'avere **nuovi occhi**."*
Marcel Proust

In questa seconda parte del libro imparete a sviluppare un'applicazione reale sfruttando i concetti visti nella prima parte. Avete imparato a lavorare con Models, Stores, a creare i primi semplici controlli, e a presentare le informazioni all'utente attraverso le view.

Ora siamo pronti a strutturare il codice delle nostre applicazioni sfruttando il paradigma MVC messo a disposizione da Sencha Touch.

Strutturando le applicazioni secondo il paradigma MVC avremo diversi vantaggi.

Sarà più semplice gestire e mantenere applicazioni complesse e non meno importante potremo sfruttare gli strumenti di Sencha Touch per fare la build dell'applicazione, l'ottiminizzazione e la compilazione per diverse piattaforme.

Come abbiamo visto nel capitolo 3 per impacchettare le applicazioni Sencha Touch si usa Sencha CMD. Sencha CMD è un tool a linea di comando cross-platform che permette di automatizzare diversi task che ruotano attorno al lifecycle di un'applicazione, dalla generazione di un nuovo progetto al deploy dell'applicazione in produzione. Il processo che seguiremo per la realizzazione delle nostre applicazioni, sarà il seguente:

Figura 13.1 – Processo di sviluppo.

13.1 Nuovo Progetto ATOApp

Usiamo Sencha CMD per creare l'architettura dei file e delle cartelle necessarie per fare la build dell'applicazione Sencha Tocuh. Generiamo il progetto ATOApp (Attrazioni TOrino App) con il comando *"Sencha CMD"* che abbiamo imparato nel capitolo 4.

Se avete eseguito le istruzioni del capitolo 4, dovreste avere il vostro framework Sencha Touch nel seguente percorso del filesystem:

C:\xampp\htdocs\touch

Dovreste avere una strutture di cartelle come quelle presentate nello screenshot seguente:

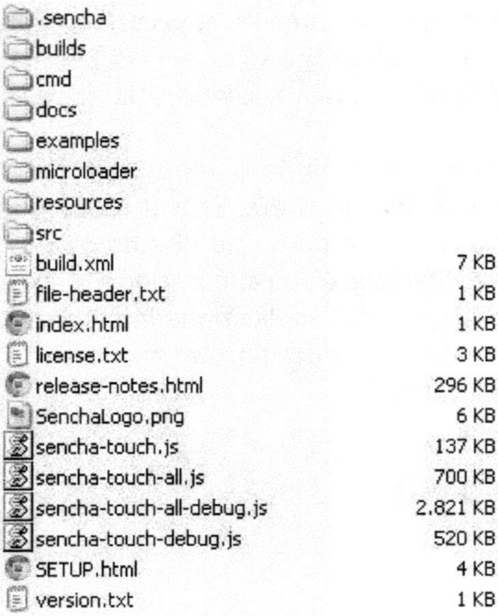

```
.sencha
builds
cmd
docs
examples
microloader
resources
src
build.xml                      7 KB
file-header.txt                1 KB
index.html                     1 KB
license.txt                    3 KB
release-notes.html           296 KB
SenchaLogo.png                 6 KB
sencha-touch.js              137 KB
sencha-touch-all.js          700 KB
sencha-touch-all-debug.js  2.821 KB
sencha-touch-debug.js        520 KB
SETUP.html                     4 KB
version.txt                    1 KB
```

Figura 13.2 – Le cartelle del framework.

Bene! Seguite i passi sotto numerati.

1. Aprite un terminale dei comandi, ed entrate nella cartella del framework:

   cd c:\xampp\htdocs\touch

2. Generate il nuovo progetto ATOApp usando la sintassi seguente:

   sencha generate app -name <namespace> -path ../<appfolder>

   Eseguite il seguente comando dal teminale dei comandi (ricordo che siete nella cartella cd c:\xampp\htdocs\touch) per generare la nostra web application ATOApp. ATOApp stò per "Attrazioni Torino App".

   sencha generate app -name ATOApp -path ../ATOApp

Nota: Potete lanciare il comando di generazione della vostra app da qualsiasi punto del vostro filesystem specificando due cose: la posizione del framework e la cartella di destinazione del progetto generato. Nel nostro caso avremmo potuto generare l'applicazione da *C:* attraverso il seguente comando:

sencha –sdk c:\xampp\htdocs\touch generate app -name ATOApp -path c:\xampp\htdocs\touch\ATOApp

Verificate nel vostro filesystem cosa è stato generato nella cartella ATOApp:

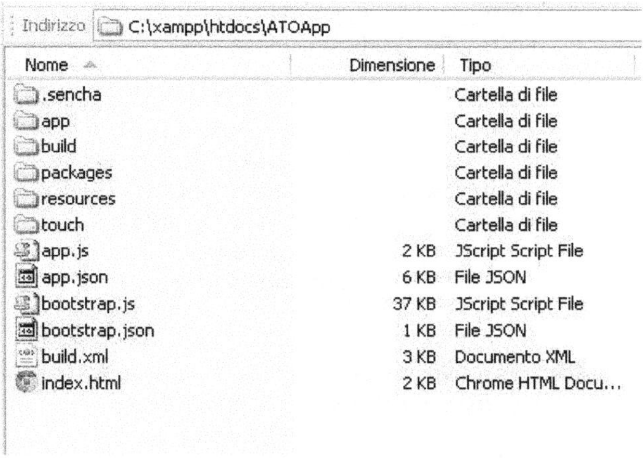

Figura 13.3 – Il filesystem del progetto.

Nel capitolo 4 abbiamo imparato a conoscere già alcuni file tra quelli generati ora proviamo ad approfondire le nostre conoscenze.

Aprite il file index.html.

```
<!DOCTYPE HTML>
<html manifest="" lang="en-US">
<head>
    <meta charset="UTF-8">
    <title>ATOApp</title>
```

```
<style type="text/css">
    /**
    * Example of an initial loading indicator.
    * It is recommended to keep this as minimal as
      possible to provide instant feedback
    * while other resources are still being loaded
      for the first time
    */
    html, body {
        height: 100%;
        background-color: #1985D0
    }

    #appLoadingIndicator {
        position: absolute;
        top: 50%;
        margin-top: -15px;
        text-align: center;
        width: 100%;
        height: 30px;
        -webkit-animation-name:
            appLoadingIndicator;
        -webkit-animation-duration: 0.5s;
        -webkit-animation-iteration-count:
                    infinite;
        -webkit-animation-direction: linear;
    }

    #appLoadingIndicator > * {
        background-color: #FFFFFF;
        display: inline-block;
        height: 30px;
        -webkit-border-radius: 15px;
        margin: 0 5px;
        width: 30px;
        opacity: 0.8;
    }

    @-webkit-keyframes appLoadingIndicator{
        0% {
            opacity: 0.8
        }
        50% {
            opacity: 0
        }
        100% {
            opacity: 0.8
```

```
            }
        }
    </style>
    <!-- The line below must be kept intact for Sencha
Command to build your application -->
    <script id="microloader" type="text/javascript"
src=".sencha/app/microloader/development.js"></script>
</head>
<body>
    <div id="appLoadingIndicator">
        <div></div>
        <div></div>
        <div></div>
    </div>
</body>
</html>
```

Il file contiene il title della pagina html che è stato impostato con il nome del progetto appena generato (ATOApp). Sotto c'è la definizione dello stile. In questa sezione sono scritte delle classi CSS che all'interno del body vengono richiamate per creare una semplice animazione prima che l'applicazione sia caricata.

Sotto la definizione dello stile si fa riferimento a development.js:

```
    <script id="microloader" type="text/javascript"
src=".sencha/app/microloader/development.js"></script>
```

development.js è la nostra app compilata e pronta per essere eseguita. app.js che rappresenta il punto iniziale dell'applicazione viene compilato in development.js da cmd.

Negli esempi visti nei captitoli precendenti abbiamo usato *Ext.onReady()* come punto iniziale delle nostre applicazioni, da questo momento useremo *Ext.application* anziché *Ext.onReady()* per supportare la nuova struttura di directory della nostra applicazione.

```
Ext.application({
    name: 'ATOApp',

    requires: [
        'Ext.MessageBox'
    ],
```

```
views: [
    'Main'
],
```

Ext.application carica la classe *Ext.app.Application* e la avvia con la sua configurazione dopo che la pagina è pronta. E' necessario specificare un nome, le eventuali classi che è necessario includere nella build (in requires). Nel nostro caso l'applicazione viene compilata includendo la classe *Ext.MessageBox*. Successivamente si definiscono i *Models, Controllers, Profiles, Stores* e *Views* che costituiscono l'applicazione. Questi vengono caricati automaticamente. Ad esempio nel nostro file appena generato troviamo solo:

```
views: [
    'Main'
],
```

Main specificato all'interno di views fa riferimento a *Main.js* presente *app/views*:

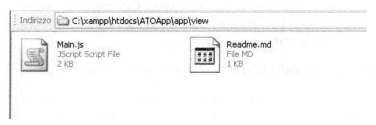

Figura 13.4 – Il filesystem del progetto.

Dopo la definizione dei file che costituiscono l'applicazione, sono specificate altre impostazioni come icone, etc.., che sono utilizzate quando si genera il package per gli store.

Scendendo giù nel file *app.js* si arriva alla funzione launch che funzionarà come *onReady()*, dopo che il DOM è stato caricato ed è pronto viene attivata la funzione launch.

```
launch: function() {
    // Destroy the #appLoadingIndicator element
    Ext.fly('appLoadingIndicator').destroy();

    // Initialize the main view
```

```
Ext.Viewport.add(Ext.create('ATOApp.view.Main'));
    },
```

Nella nostra funzione di launch eliminiamo (destroy) appLoadingIndicator
che era stato avviato in index.html. Ora che il DOM è pronto non serve più
che sia visualizzato. Nella seconda riga si andrà a visualizzare la view Main.

```
Ext.Viewport.add(Ext.create('ATOApp.view.Main'));
```

Abbiamo visto più volte *Ext.Viewport.add*, questa volta come argomento
passiamo l'oggetto *ATOApp.view.Main* definito questa volta in un altro file
(app/views/Main.js).

```
Ext.define('ATOApp.view.Main', {
    extend: 'Ext.tab.Panel',
    xtype: 'main',
    requires: [
        'Ext.TitleBar',
        'Ext.Video'
    ],
    config: {
        tabBarPosition: 'bottom',
```

Avviate il web server e avviate l'applicazione. Scrivendo l'indirizzo
localhost/ATOApp nella barra degli indirizzi dovreste vedere :

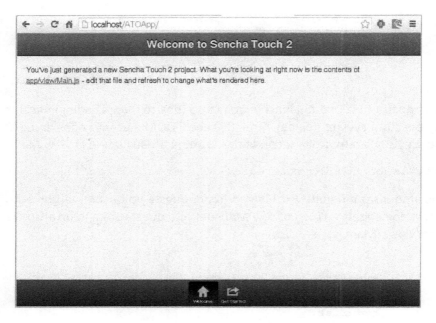

Figura 13.5 – ATOApp.

Stiamo vedendo una versione della nostra applicazione che non è compilata.

Se provate a verificare tutti i file scaricati dall'applicazione una volta che questa viene caricata, potrete vedere molti files scaricati. Il fatto di scaricare molti file spesso incide sulle performance dell'applicazione. Aprite gli strumenti per lo sviluppatore di Chrome. Attivate la tab Network, selezionando **All**.

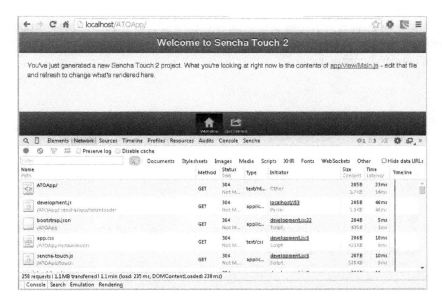

Figura 13.6 – I file caricati dall'applicazione non compilata

L'applicazione scarica questo numero elevato di files perché siamo in modalità development. Vedremo che una volta compilata l'applicazione il comportamento migliorerà decisamente.

13.2 Migliorare le performance dell'applicazione

13.2.1 Compilazione dell'applicazione per production

Aprite un terminale dei comandi, entrare nella cartella dell'applicazione :

c:\xampp\htdocs\ATOApp

Eseguire il comando: *sencha app build production*

Navigate nel filesytem dell'applicazione all'interno della cartella build. Noterete che è stata creata un nuova cartella production che contiene l'applicazione compilata.

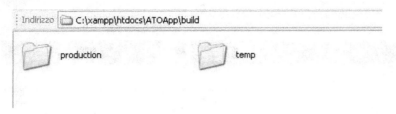

Figura 13.7 – La directory build.

Noterete che è stata creata un nuova cartella *production* che contiene l'applicazione compilata.

Nome ▲	Dimensione	Tipo
archive		Cartella di file
deltas		Cartella di file
resources		Cartella di file
app.js	497 KB	JScript Script File
app.json	1 KB	File JSON
cache.appcache	1 KB	File APPCACHE
index.html	10 KB	Chrome HTML Docu...

Indirizzo: C:\xampp\htdocs\ATOApp\build\production\ATOApp

Figura 13.8 – La directory della app compilata.

Notarete che la cartella contiene molti meno file e cartelle e che il file *app.js* occupa più spazio rispetto a prima. Il file *app.js* contiene tutti i nostri file JavaScript e la libreria Sencha Touch.

Avviate nel browser l'applicazione appena compilata.

Non dovreste notare cambiamenti rispetto a prima se non il fatto che questa volta l'app è molto più veloce. Se andiamo a monitorare il traffico dei files che l'applicazione scarica quando viene richiamata noteremo un altro interessante aspetto:

Non dovreste notare cambiamenti rispetto a prima se non il fatto che questa volta l'app è molto più veloce.

Se andiamo a monitorare il traffico dei files che l'applicazione scarica quando viene richiamata noteremo un altro interessante aspetto:

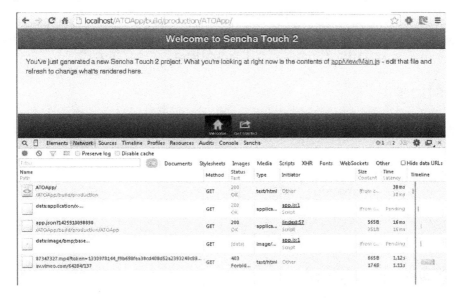

Figura 13.9 – I file scaricati dall'applicazione.

Questa volta i file scaricati dall'applicazione sono pochissimi. Tutti i files sono compilati e compressi nei pochi files che vedete sopra.

Cosa è successo ?

Un altro concetto da tenere presente che differenzia un applicazione in development e una in produzione è che in un'applicazione in development non c'è bisogno di indicare i *requires* in quanto c'è tutta la libreria a disposizione. Guardate il file *app/view/Main.js*

```
...
Ext.define('ATOApp.view.Main', {
    extend: 'Ext.tab.Panel',
    xtype: 'main',
    requires: [
        'Ext.TitleBar',
        'Ext.Video'
    ],

...
```

In production il compilatore deve sapere quali classi includere nel processo di compilazione.

13.3 Compilazione dell'applicazione per testing

Entrare nella cartella dell'applicazione:

c:\xampp\htdocs\ATOApp

Eseguire il comando:

sencha app build testing

13.4 Conclusioni

Abbiamo generato il progetto, analizzato alcuni file e abbiamo visto il processo di compilazione dell'applicazione. Nel prossimo capitolo partendo dal progetto appena creato inizieremo ad aggiungere funzionalità alla nostra app.

14. ATOApp

"Chi vuol muovere il mondo, prima muova se stesso."
Socrate

Costruiremo l'app seguendo il seguente approccio: prima le views, poi i models, poi gli stores e alla fine i controllers.

In questo capitolo implementeremo un Tab Panel che contiene due card. Nella prima card ci sarà la lista delle attrazioni, nella seconda card le attrazioni saranno posizionate sulla mappa grazie alle informazioni di latitudine e longitudine. In questo capitolo svilupparemo il codice relativo alle views della nostra applicazione.

Nella figura in basso potete vedere le schermate che realizzeremo. All'avvio dell'applicazione compare la lista delle attrazioni ottenuta facendo una richiesta grazie al protocollo jsonp. Cliccando sulla tab mappa vedremo le attrazioni posizionate sulla mappa e la nostra posizione indicata con un marker differente.

Figura 14.1 – App che si arriverà a costruire alla fine del capitolo 14.

14.1 TabPanel e navigazione

In questo paragrafo vedremo l'implementazione del TabPanel con le due card, la lista e la mappa. Cancellate il contenuto del vostro file *app/views/Main.js* e sostituitelo con il codice sotto:

```
Ext.define('ATOApp.view.Main', {
    extend: 'Ext.tab.Panel',
    xtype: 'main',
    requires: [

    ],
    config: {
        tabBarPosition: 'bottom',

        items: [
            {
                xtype:'listnavview',
                title: 'Lista',
                iconCls: 'list'
            },
            {
```

```
            xtype:'mapnavview',
            title: 'Mappa',
            iconCls: 'maps'
        }
    ]
  }
});
```

Nel codice sopra è stato definito un tab Panel:

```
    extend: 'Ext.tab.Panel',
```

sono state inserite due card:

```
items: [
    {
        xtype:'listnavview',
        title: 'Lista',
        iconCls: 'list'
    },
    {
        xtype:'mapnavview',
        title: 'Mappa',
        iconCls: 'maps'
    }
]
```

Nella prima card sarà presentato l'oggetto listnavview e nella seconda, l'oggetto *mapnavview*. Con gli attributi *title* e *iconCls*, diamo un icona e una descrizione testuale della tab.

14.2 NavigationView : Navigare tra le schermate

Le card dovranno gestire anche una loro navigazione. Relativamente alla lista delle attrazioni, vogliamo che quando l'utente clicca su un elemento della lista si vada al dettaglio di quell'elemento. Questa funzionalità la otteniamo sfruttando la classe *Ext.navigation.View*.

L'architettura di navigazione per mezzo di *NavigationView* è molto usata nelle applicazioni Sencha Touch. Vediamo subito come implementarla.

All'interno della cartella view, create un nuovo file dandogli il nome *"ListNavView"* e copiate all'interno il codice sotto:

```
Ext.define('ATOApp.view.ListNavView', {
    extend: 'Ext.navigation.View',
    alias: 'widget.listnavview',


    config: {
        itemId: 'listnavviewitemid',
        defaultBackButtonText: 'Indietro',
        id: 'listnavview',
        autoDestroy: false,

        'Navigation Bar': false,

        items: [
            {
                xtype: 'attrazionilist'
            }
        ]
    }

});
```

Nel codice in alto, all'interno di config configuriamo la nostra navigation view e inseriamo la prima card nella navigation view ossia "attrazionilist".

14.3 Liste e paradigma MVC

A questo punto creiamo tutto il necessario per visualizzare gli elmenti attraverso una lista. Nei capitoli precedenti abbiamo già imparato a gestire le liste, in questo capitolo implementeremo la gestione della lista secondo il paradigma MVC. Per iniziare definiamo il modello dati. Nella cartella *app/model*, create un nuovo file chiamandolo *AttrazioneModel* e copiate il codice sotto, che ormai abbiamo imparato a conoscere bene:

```
Ext.define('ATOApp.model.AttrazioneModel', {
    extend: 'Ext.data.Model',


    config: {
        fields: [
            {
                name: 'name',
                type: 'string'
            },
            {
                name: 'type',
                type: 'string'
            },
            {
                name: 'id',
                type: 'int'
            },
            {
                name: 'latitude',
                type: 'string'
            },
            {
                name: 'longitude',
                type: 'string'
            },
            {
                name: 'address',
                type: 'string'
            },
            {
                name: 'phone',
                type: 'string'
            }
        ]

    }
});
```

A questo punto definiamo uno store che useremo per salvare i dati presi dalla sorgente remota tramite il protocollo jsonp:

```
Ext.define('ATOApp.store.AttrazioniStore', {
    extend: 'Ext.data.Store',
```

```
    requires: [
        'ATOApp.model.AttrazioneModel'
    ],

    config: {
        autoLoad: true,
        model: 'ATOApp.model.AttrazioneModel',
        storeId:  "AttrazioniStore",
        proxy: {
            type: 'jsonp',
            url:
'http://www.appacademy.it/book/get.php',
            reader: {
                type: 'json',
                rootProperty: 'attractions'
            }
        },
        grouper: {
            property: 'type'
        }
    }
});
```

Anche per il codice dello store ormai non dovreste avere dubbi.

E' arrivato il momento di presentare i dati presenti nello store attraverso una lista. Nella cartella *app/view* create il file *AttrazioniList* e copiate il codice sotto:

```
Ext.define('ATOApp.view.AttrazioniList', {
    extend: 'Ext.dataview.List',
    alias: 'widget.attrazionilist',

    config: {
        store: "AttrazioniStore",
        grouped: true,
        variableHeights: true,
        itemId: "attrazioniListItemId",
        infinite: true,
        itemTpl: [
            '<div class="avatar" style="background-
image: url(data/images/{id}.jpg)"></div>',
            '<h3>{name}</h3>',
            '<h4>{type}</h4>'
        ]
```

```
    },

    initialize: function() {
        this.config.title = ATOApp.app.title;

        this.callParent();
    }

});
```

La prima card del tab Panel è completata, ora passiamo alla realizzazione del card che deve presentare la mappa.

14.4 Google Maps e NavigationView

Come nel caso precedente anche in questo caso vogliamo che cliccando su un marker presente sulla mappa si vada al dettaglio. Quindi inseriamo la mappa in una navigationview. Questa volta non creiamo un componente a parte come prima, ma inseriamo il codice della view map direttamente nella card della navigationview.

```
Ext.define('ATOApp.view.MapNavView', {
    extend: 'Ext.navigation.View',
    alias: 'widget.mapnavview',

    requires: [
        'Ext.Map'
    ],

    config: {
        itemId: 'mapnavviewitemid',
        defaultBackButtonText: 'Indietro',
        id: 'mapnavview',
        autoDestroy: false,
        'Navigation Bar': false,
        items: [
            {
                xtype: 'map',
                navigationControl: true,
                id:'gmap',
                name: 'place_map',
```

```
        title:'Attrazioni Torino Mappa',
        mapOptions: {
                navigationControl: true,

            mapTypeId :
                google.maps.MapTypeId.ROADMAP,
            navigationControlOptions: {
                style:
        google.maps.NavigationControlStyle.DEFAULT
            },

            zoom: 11,
        },
        useCurrentLocation: false
    }

  ]
 }

});
```

14.5 ListNavController: Controller per la lista

E' arrivato il momento di costruire i controller. Possiamo avere un unico controller per tutto, ma per mantenere il codice manutenibile, creeremo un controller per ogni schermata che conterrà le funzioni per gestire quella schermata.

Nel caso della lista ci interessa gestire l'evento show della lista e l'evento *tap* su un item della lista.

In particolare sullo show della lista vogliamo resettare la *navigationView* della Mappa in modo che, quando si fa il tap sulla mappa, si parte sempre dalla vista della mappa e non dal dettaglio, ci comporteremo allo stesso modo nel controller della mappa. Per il momento relativamente alla funzione che gestisce il tap su un item, faremo il log sulla console dell'elemento su cui si è fatto il tap per avere il feedback che tutto funzioni a dovere.

```
Ext.define('ATOApp.controller.ListNavController', {
    extend: 'Ext.app.Controller',
```

```
    config: {
        models: ['AttrazioneModel'],
        stores: ['AttrazioniStore'],
        views: [
            'ListNavView'
        ],

        refs: {

listNav:'list[itemId="attrazioniListItemId"]',
            mapNavView: '#mapnavview',
            listNavView: '#listnavview'
        },
        control: {
            listNav: {
                itemtap: 'onListNavItemTap'
            },
            listNavView: {
                show: 'onListNavViewShow'
            }


        }
    },


    onListNavItemTap: function(list, index, target,
            record,e, eOpts){
        console.log('onListNavItemTap ');

        console.log('hai cliccato su = '+
                record.data.name );
        console.log("Indice Oggetto cliccato = " +
                index);
    },

    onListNavViewShow: function(component, eOpts) {
        console.log("onListNavViewShow");
        var navMap = this.getMapNavView();
        navMap.reset();

        var navList = this.getListNavView();
        var currentCard =
            navList.getActiveItem().getItemId();
        if(currentCard != "attrazioniListItemId"){
            navList.reset();
```

```
        }
        console.log("currentCard = " + currentCard);

    }

});
```

Nella sezione config del controller definiamo gli oggetti con i quali interagirà il controller:

```
config: {
    models: ['AttrazioneModel'],
    stores: ['AttrazioniStore'],
    views: [
        'ListNavView'
    ],
```

Subito dopo definiamo i riferimenti:

```
refs: {

listNav:'list[itemId="attrazioniListItemId"]',
        mapNavView: '#mapnavview',
        listNavView: '#listnavview'
    },
```

Dopo i riferimenti definiamo i controlli:

```
control: {
        listNav: {
            itemtap: 'onListNavItemTap'
        },
        listNavView: {
            show: 'onListNavViewShow'
        }
```

Nella sezione dei controlli ci stiamo mettendo all'ascolto dell'evento *itemtap* sull'oggetto *listNav* e dell'evento *show* sull'oggetto *listNavView*. Quando l'utente farà il tap su un elemento della lista verrà chiamata la funzione *"onListNavItemTap"* che dovremmo andare a definire. Allo stesso modo, quando viene mostrata la view *"ListNavView"* sarà richiamata la funzione *"onListNavViewShow"* che definiremo tra poco.

Al tap sull'item, per il momento, facciamo solo il log di alcune informazioni, come il fatto che è stato fatto il tap, il nome dell'item sul quale è stato fatto il tap e l'indice dello store al quale si trova l'elemento cliccato. Di seguito l'implementazione di quanto descritto nelle righe precedenti.

```
onListNavItemTap: function(list, index, target,
        record,e, eOpts){
    console.log('onListNavItemTap ');

    console.log('hai cliccato su = '+
            record.data.name );
    console.log("Indice Oggetto cliccato = " +
            index);

},
```

Relativamente allo *show*, abbiamo detto che vogliamo fare il reset della *navigationView* della mappa.

```
onListNavViewShow: function(component, eOpts) {
    console.log("onListNavViewShow");
    var navMap = this.getMapNavView();
    navMap.reset();


    var navList = this.getListNavView();
    var currentCard =
        navList.getActiveItem().getItemId();
    if(currentCard != "attrazioniListItemId"){
        navList.reset();
    }
    console.log("currentCard = " + currentCard);

}
```

14.6 MapNavViewController : Controller per la mappa

Il controller per gestire *MapNavView* è un pò più complesso, ma un passo dopo l'altro ne verremo a capo. Innanzitutto create il file *MapNavController* all'interno della cartella *app/Controller*. Iniziamo con la parte delle definizioni.

```
Ext.define('ATOApp.controller.MapNavController', {
    extend: 'Ext.app.Controller',

    config: {
        models: ['AttrazioneModel'],
        stores: ['AttrazioniStore'],
        markers: [],

        refs: {
            mapNavView: '#mapnavview',
            listNavView: '#listnavview',
            placeMap: 'map[name="place_map"]'
        },
        control: {
            mapNavView: {
                show: 'onMapNavViewShow'
            }

        }
    },
```

All'interno di config oltre a fare riferimento ai modelli e store necessari, definiamo un vettore markers, che utilizzeremo per gestire più semplicemente i markers sulla mappa. Come per il controller visto in precedenza prendiamo il riferimento delle due navigationView e prendiamo il riferimento alla mappa.

Relativamente ai controlli, nella sezione control gestiamo l'evento show della view mapnavview. Creeremo, successivamente , in maniera dinamica dei controlli sui markers.

Di seguito la funzione *"onMapNavViewShow"* che si preoccupa di fare il reset della navigationView della List e verifica che la card attiva sia la prima. Questa volta all'interno di questa funzione facciamo una casa in più, andremo a richiamare la funziona *loadLocal()*, con la quale imposteremo la mappa e gli oggetti sulla mappa.

```
onMapNavViewShow: function(component, eOpts) {
    console.log("onMapNavViewShow");
    var navList = this.getListNavView();
        navList.reset();

    var navMap = this.getMapNavView();
```

```javascript
        var currentCard =
    navMap.getActiveItem().getItemId();
        if(currentCard != "mapnavviewitemid"){
            navMap.reset();
        }
        console.log("currentCard = " + currentCard);
        this.loadLocal();
    }
```

Guardate la funzione loadLocal():

```javascript
    loadLocal: function() {

        console.log("MapNavController --> loadLocal");
        Ext.Viewport.mask({
            xtype: 'loadmask',
            message: 'loading...'
        });

        var me = this;

Ext.getStore('AttrazioniStore').load(function(item) {
            var count =
Ext.getStore('AttrazioniStore').getCount();
            if (count < 1) {
                console.log("Non ci sono oggetti da
visualizzare")
            } else {
                var map =
Ext.ComponentQuery.query('map')[0];

navigator.geolocation.getCurrentPosition(function(posit
ion) {
                var start = new
google.maps.LatLng(position.coords.latitude,position.co
ords.longitude);
                    console.log(start);
                    Ext.defer(function () {
                        map.setMapCenter(start);
                    }, 100);

                var marker = new
google.maps.Marker({
                    map: map.getMap(),
                    position: start,
                    icon:
'resources/images/currentlocation.png'
```

```
        });

      });

      me.loadMarkers(map, map.getMap());
      Ext.Viewport.unmask();
    }
  });
},
```

Nella funzione *loadLocal()* , caricheremo lo store *"AttrazioniStore"*, se c'è un numero di attrazioni maggiore di 1, andiamo a lavorare sui markers. In particolare facciamo l'acquisizione della posizione corrente, usiamo la posizione corrente come centro della mappa e, su quella posizione, inseriamo il marker la cui icona è stata salvata in *resources/images/currentlocation.png* :

```
var map = Ext.ComponentQuery.query('map')[0];
//ref alla mappa

navigator.geolocation.getCurrentPosition(function
    (position)
{
    var start = new
google.maps.LatLng(position.coords.latitude,
    position.coords.longitude);
    console.log(start);
    Ext.defer(function () {
      map.setMapCenter(start);
    }, 100);

    var marker = new google.maps.Marker({
        map: map.getMap(),
        position: start,
        icon:
      'resources/images/currentlocation.png'
      });
```

Dopo queste righe di codice, se eseguiamo la nostra applicazione vedremo la mappa centrato nel punto in cui ci troviamo noi e il marker che abbiamo definito che punta proprio quella posizione. Ora ci interessa presentare le altre attrazioni sulla mappa con un marker diverso. Con l'istruzione successiva andiamo a chiamare la funzione di caricamente dei markers:

```
me.loadMarkers(map, map.getMap());
```

L'instruzione successiva,

```
Ext.Viewport.unmask();
```

serve a togliere la mascherà con la rotellina che gira. Prima di un load di uno store, è utile inibire l'interazione utente con una maschera, segnalando che si stà lavorando. Prima del load se guardate il nostro codice avevamo attivato questa maschera con:

```
Ext.Viewport.mask({
    xtype: 'loadmask',
    message: 'loading...'
});
```

Una volta che le operazioni sono concluse togliamo la maschera con:

```
Ext.Viewport.unmask();
```

Bene, torniamo alla nostra funzione di caricamento dei markers. Come al solito guardate il codice di quello che si intende fare, cercando di capire cosa, si stà facendo. Non preoccupatevi se non riuscite a capire tutto dopo il codice proverò a chiarire le parti più importanti di questa funzione:

```
loadMarkers: function(comp, map) {
    console.log("MapNavController -->
        loadMarkers");

    var me = this,
        store = Ext.getStore('AttrazioniStore'),
        markers = me.getMarkers(),
        gm = comp.getMap();

    if (markers.length > 0)
    {
        console.log("[>0] markers.length = " +
            markers.length);
        me.removeMarkers();
    }else{
```

```
            console.log("markers.length = " +
                markers.length);
        }
        store.each(function(item, index, length) {

            var latlng = new
        google.maps.LatLng(item.get('latitude'),item.get(
            'longitude'));

            var marker = new google.maps.Marker({
                map: gm,
                position: latlng,
                icon: 'resources/images/marker.png'
            });

            markers.push(marker);

            google.maps.event.addListener(marker,
                'click', function() {
                var i = store.indexOf(item);
                console.log("Clic sul marker");
                console.log(item);
                ATOApp.app.indexSelezione = i;

                var navElm =
        ATOApp.app.getController('MapNavController')
                            .getMapNavView();
                navElm.push({
                    xtype: 'dettaglio',
                    title: item.get('name')
                });
            });

            me.setMarkers(markers);
        });

    },
```

Tutto chiaro ?

Abbiamo bisogno di avere un vettore (*markers*) vuoto, quindi la prima cosa che andremo a fare, sarà quella di verificare se il vettore è vuoto, e se non è vuoto rimuoviamo gli elementi, vedremo di seguito la funzione per rimuovere gli elementi dal vettore. Con il vettore markers vuoto facciamo un ciclo sugli elementi dello store e per ogni elemento (attrazione), acquisiamo latitudine e longitudine.

```
var latlng = new
    google.maps.LatLng(item.get('latitude'),item.get(
'longitude'));
```

Definiamo il marker in quella posizione:

```
var marker = new google.maps.Marker({
            map: gm,
            position: latlng,
            icon: 'resources/images/marker.png'
        });
```

salviamo il marker nel vettore markers:

```
        markers.push(marker);
```

Inseriamo un listerner sul marker, definendo inline la funzione associata. Per adesso facciamo solo dei log, dopo aver fatto la schermata di dettaglio il click sul marker ci porterà alla schermata di dettaglio.

```
google.maps.event.addListener(marker, 'click',
function() {
            var i = store.indexOf(item);
            console.log("Clic sul marker");
            console.log(item);
        });
```

Facciamo il set dei markers sulla mappa utilizzando il vettore:

```
me.setMarkers(markers);
```

Il vettore dei markers è utile per le operazioni di rimozione. Riporto la funzione per rimuovere i markers:

```
removeMarkers: function() {
    var me = this,
        markers = me.getMarkers(),
        total = markers.length;

    for (var i = 0; i < total; i++) {
        markers[i].setMap(null);
    }
    markers.splice(0, total);
```

```
    me.setMarkers(markers);
},
```

app.js

Se lanciate l'applicazione in questo momento non vi funzionerà ancora perché dobbiamo dichiarare tutto quello che abbiamo creato nei vettori models, stores, controllers, views:

```
models: [
    'AttrazioneModel',
],

stores: [
    'AttrazioniStore',
],

controllers:[
    'MapNavController',
    'ListNavController'
],
views: [
    'Main',
    'ListNavView',
    'MapNavView',
    'AttrazioniList'
],
```

index.html

All'interno del file *index.html* ricordatevi di linkare il javascript per poter usare le Google Maps:

```
<script type="text/javascript"
src="http://maps.google.com/maps/api/js?sensor=false"><
/script>
```

14.7 Conclusioni

In questo capitolo abbiamo inserito un pò di concetti nuovi e gli esempi iniziano a diventare più impegnativi. Se c'è qualcosa di poco chiaro, riguardate con calma il capitolo.

Abbiamo visto come creare una app con due tab, dove ciascuna tab ha un'ulteriore navigazione, che abbiamo gestito attraverso il componente navigationView. Nella prima card abbiamo inserito una lista che abbiamo gestito con il paradigma MVC, abbiamo scritto il controller per gestire le interazioni dell'utente con la lista.

Nella seconda card abbiamo inserito una Google Map, che abbiamo centrato in base alla posizione dell'utente, inoltre abbiamo inserito i marker delle attrazioni sulla mappa. Anche per questa view abbiamo scritto un controller per gestire le interazioni dell'utente con la mappa.

Nel prossimo capitolo realizzeremo la schermata di dettaglio e vedremo come lavorare con gli *XTemplate*.

15. Dettaglio: XTemplate e Navigation

"Non è come nasci, ma come muori, che rivela a quale popolo appartieni."
Alce Nero

In questo capitolo realizzeremo la schermata di dettaglio della nostra applicazione e implementeremo le funzioni per gestire le transizioni sugli eventi di tap sull'item della lista e tap sul marker nella mappa. Come al solito vediamo come prima cosa, l'applicazione che andremo a sviluppare in questo capitolo.

Figura 15.1 – Schermata di dettaglio.

La schermata di dettaglio, dove imparemo a posizionare nel modo desiderato i componenti, vedremo come aprire applicazioni esterne come il browser, quando si cliccherà sull'icona Website e il telefono, quando si cliccherà sull'icona "Call" per chiamare il numero dell'attrazione attualmente visualizzata. Lavoreremo ancora con le mappe di Google sulle quali implementeremo la funzionalità di visualizzazione del percorso per arrivare al punto dove si trova l'attrazione partendo dalla posizione corrente. Realizzata la schermata di dettaglio, realizzeremo le transizioni dalla lista al dettaglio e viceversa. In seguito al tap dell'utente su un item della lista si passerà alla visualizzazione del dettaglio di quell'attrazione.

Figura 15.2 – Transizione dalla lista al dettaglio.

Allo stesso modo, quando l'utente farà il tap su un marker presente sulla mappa si passerà alla visualizzazione del dettaglio di quell'attrazione.

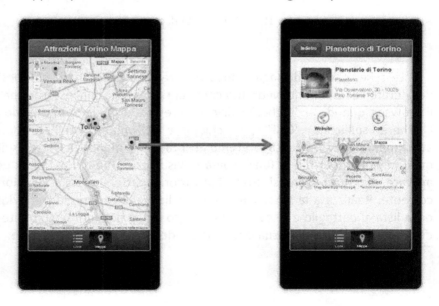

Figura 15.3 – Transizione dalla mappa al dettaglio.

Bene, ora che abbiamo le idee chiare non ci rimane che partire e implementare tutte le funzionalità che abbiamo descritto.

15.1 La view Dettaglio: XTemplate e passaggio parametri

Partiamo dalla creazione della view dettaglio. All'interno della cartella app/view create un nuovo file chiamato *Dettaglio.js*. Svilupperemo la nostra user interface usando i template. In Sencha Touch un template è un frammento di codice predefinito con dei placeholders. Sfruttando questi placeholder abbiamo la possibilità di inserire dati dinamicamente nel template.

Forse il concetto e ancora un pò ostico, ma il codice dovrebbe riuscire a fare chiarezza. Di seguito il codice della view dettaglio. Iniziate a dare un'occhiata, dopo il codice ci sono le spiegazioni.

```
Ext.define('ATOApp.view.Dettaglio', {
    extend: 'Ext.Panel',
    alias: 'widget.dettaglio',

    requires: [
        'ATOApp.controller.DettaglioController'
    ],


    config: {
        itemId: 'dettaglioView',
        id: 'userData',
        cls : 'transparent details-info',
        style:'background-color: red',
        scrollable : true,

        tpl: Ext.create("Ext.XTemplate",
            '<div class="block content" >',
                '<div class="container">',
                    '<div class="avatar_big"
style="background-image:
url(data/images/{id}.jpg)"></div>',
                    '<div class="name">{name}</div>',
```

```
            '<div class="address">{type}</div>',
            '<div
        class="address">{address}</div>',
            '</div>',
            '<div class="actions">',
            '<div class="website">',
            '<a href={web}>',
                '<div class="icon"></div>',
                '<div
                  class="text">Website</div>',
                '</a>',
            '</div>',
            '<div class="phone">',
             '<a href="tel:{phone}">',
                '<div class="icon"></div>',
                '<div class="text">Call</div>',
                '</a>',
              '</div>',
            '</div>',
            '</div>',

            '<div class="block map"></div>',{}),

    }

});
```

Come dicevamo realizziamo l'interfaccia utente con un template, in particolare sfruttiamo la classe *Xtemplate* di Sencha Touch che abbiamo iniziato a conoscere nei primi capitoli. Attraverso l'attributo *"tpl"* passiamo il nostro template che è un'istanza di *Ext.Xtemplate*.

All'interno del template scriviamo normale codice html, che richiamerà classi utili alla presentazione che scriveremo nel CSS. Il codice html presenta due macro blocchi, il primo che contiene il contenuto e il secondo la mappa. Nel primo blocco (block content) useremo altri due div per presentare le informazioni. L'immagine sotto dovrebbe chiarire il concetto.

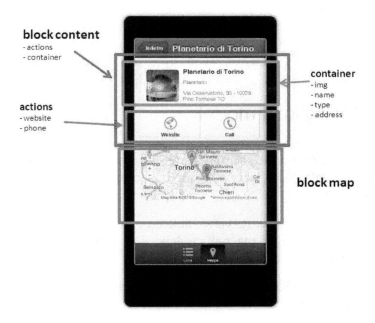

Figura 15.4 – I blocchi della schermata di dettaglio.

Per inserire le classi css necessarie creiamo un file style.css all'interno della cartella resources/css. Per tutti gli approfondimenti relativi alle classi css rimando al foglio di stile style.css. Invece qui cerchiamo di capire come passare dinamicamente i dati al template.

Abbiamo visto che grazie al model (AttrazioneModel) e allo store (AttrazioniStore) siamo in grado di prendere i dati da una sorgente remota o locale e averli disponibili all'interno della nostra applicazione. Sarà compito del controllo gestire questi dati. Il concetto nuovo che voglio introdurre in questo paragrafo è il metodo **setData(data)** della classe Ext.Panel Ext.Panel-method-setData. Attraverso questo metodo è possibile passare al pannello tutti i dati necessari per aggiornare le informazioni visualizzate. Nel template abbiamo già preparato i placeholders: {name}, {type}, {address},.. non ci rimane altro che riempire il vettore **data** con queste variabili aggiornate.

Aggiungete la view Dettaglio nel vettore delle view di app.js:

```
views: [
    'Main',
    'ListNavView',
```

```
        'MapNavView',
        'AttrazioniList',
        'Dettaglio'
    ],
```

15.2 Dettaglio: il model

Prima di vedere come sfruttare il metodo setData(data) nel controller della view Dettaglio, facciamo una piccolo modifica al model: AttrazioneModel.

Nelle specifiche di questa view abbiamo visto che siamo interessati al sito web dell'attrazione, ma nel modello non abbiam ancora inserito questo campo.

Nel json acquisito dal servizio remoto, ogni attrazione contiene le seguenti informazioni:

```
{
    "attractions": [
        {
            "id": 1,
            "name": "Museo del cinema di Torino",
            "type": "Museo",
            "latitude": 45.0693174,
            "longitude": 7.69304484,
            "address": "Via Montebello, 20 - 10124
                                    Torino",
            "phone": "+390118138511",
            "img":
"http://www.appacademy.it/book/attrazioniTorino/1.jpg",
            "web": "http://www.museocinema.it/"
        },

    ...
```

Quindi se siamo interessati a gestire anche il campo web, AttrazioneModel avrà anche il campo per il web. Riporto il codice di AttrazioneModel.js

```
Ext.define('ATOApp.model.AttrazioneModel', {
    extend: 'Ext.data.Model',
```

```
config: {
    fields: [
        {
            name: 'name',
            type: 'string'
        },
        {
            name: 'type',
            type: 'string'
        },
        {
            name: 'id',
            type: 'int'
        },
        {
            name: 'latitude',
            type: 'string'
        },
        {
            name: 'longitude',
            type: 'string'
        },
        {
            name: 'address',
            type: 'string'
        },
        {
            name: 'phone',
            type: 'string'
        },
        {
            name: 'web',
            type: 'string'
        }
    ]

    }
});
```

Aggiungete questo campo e passiamo ora al controller.

15.3 Dettaglio: il controller

Nella cartella app/controller create il file DettaglioController.js. In questo controller vogliamo caricare il vettore data con le informazioni di id, name, type, address, phone, web presenti nel json e passarlo al panel Dettaglio. Vogliamo inoltre creare una mappa che sarà visualizzata nel div map del panel Dettaglio, nella quale presentiamo la distanza tra la posizione corrente dell'utente che stà usando l'applicazione e la destinazione. Iniziamo a fare tutte le impostazioni sopra descritto sull'evento show del panel Dettaglio. Quindi il controller sarà all'ascolto dell'evento show del panel dettaglio e quando si verifica questo evento chiamera la funzione "onDettaglioShow" nella quale andremo a svolgere tutti i compiti sopra descritti. Prima di lasciarvi il codice del controller sul quale andare a fare le riflessioni, pensiamo ad un aspetto, che mi permetterà di introdurvi un concetto nuovo, come fa il controller del dettaglio a conoscere quale item della lista è stato selezionato ? o quale marker della mappa è stato selezionato ?

Per passare questa informazione usiamo una variabile globale che viene settata con l'indice dell'elemento selezionato. Il set di questa variabile viene fatto quando si selezione l'item o quando si seleziona un marker. In entrambi i casi stiamo facendo riferimento allo stesso store, Quindi nel controller del dettaglio attraverso quell'indice possiamo sapere quale elemento è stato selezionato e quindi ricavare tutte le informazioni necessarie per il nostro template del panel. Fatto il quadro generale vediamo come dichiarare una variabile globale.

15.3.1 Dichiarazione di variabili globali

Una variabile globale si dichiara all'interno di app.js e precisamente all'interno di *Ext.application* nel seguente modo:

```
Ext.application({
    name: 'ATOApp',
    title: 'Attrazioni Torino',
```

```
indexSelezione: 0,
```

...

indexSelezione è la nostra variabile globale ed è impostata al valore iniziale 0.

15.3.2 Set di variabili globali

Ora che la variabile globale è definita e il momento di settarla al tap sull'item della lista e al tap sul marker. Nel primo caso aprite il file app/controller/ListNavController.js e inserite la riga sotto nella funzione *onListNavItemTap*:

```
ATOApp.app.indexSelezione = index;
```

Notate il fatto che stiamo facendo riferimento alla variabile globale con un path assoluto. La vostra funzione onListNavItemTap dovrebbe essere a questo putno così:

```
onListNavItemTap: function(list, index, target,
record,e, eOpts){
        console.log('onListNavItemTap ');

        console.log('hai cliccato su = '+
record.data.name );
        console.log("Indice Oggetto cliccato = " +
index);

        ATOApp.app.indexSelezione = index;

    },
```

Per impostare la variabile globale in seguito al tap sul marker presente sulla mappa, aprite il file app/controller/MapNavController.js e all'interno del listener dell'evento click sul maker inserito la riga:

```
ATOApp.app.indexSelezione = i;
```

il listener si presenterà così:

```javascript
        google.maps.event.addListener(marker, 'click',
function() {
            var i = store.indexOf(item);
            console.log("Clic sul marker");
            console.log(item);

            ATOApp.app.indexSelezione = i;

    });
```

A questo punto non abbiamo più scuse, è ora di partire con l'implementazione del controller del dettaglio. Come al solito vi presento tutto il codice, poi andremo ad analizzare nel dettaglio l'implementazione della funzione "onDettaglioShow".

```javascript
Ext.define('ATOApp.controller.DettaglioController', {
    extend: 'Ext.app.Controller',

    config: {
        models: ['AttrazioneModel'],
        stores: ['AttrazioniStore'],
        views: [
            'Dettaglio'
        ],

        refs: {
            listNavView: '#listnavview',
            dettaglioView :
                'panel[itemId="dettaglioView"]'
        },
        control: {
            dettaglioView: {
                show: 'onDettaglioShow'
            },


        }
    },


    onDettaglioShow: function() {
        console.log('sono onDettaglioShow');
        index = ATOApp.app.indexSelezione;
```

```javascript
        var id =
Ext.getStore('AttrazioniStore').getAt(index).get('id');
        var name =
     Ext.getStore('AttrazioniStore').getAt(index).get(
          'name');
        var type =
     Ext.getStore('AttrazioniStore').getAt(index).get(
          'type');
        var address =
     Ext.getStore('AttrazioniStore').getAt(index).get(
          'address');
        var phone =
     Ext.getStore('AttrazioniStore').getAt(index).get(
          'phone');
        var latitude =
     Ext.getStore('AttrazioniStore').getAt(index).get(
          'latitude');
        var longitude =
     Ext.getStore('AttrazioniStore').getAt(index).get(
          'longitude');
       var web =
Ext.getStore('AttrazioniStore').getAt(index).get('web')
;

        console.log("id = " + id);
        console.log("name = " + name);
        console.log("type = " + type);
        console.log("address = " + address);
        console.log("phone = " + phone);
        console.log("web = " + web);

        var data = {
            id: id,
            name: name,
            type: type,
            address: address,
            phone: phone,
            web:web
        };


        var homepanel = Ext.getCmp('userData');
        homepanel.setData(data);

        Ext.create('Ext.Map', {
```

```
            renderTo:
            Ext.getCmp('userData').element.down('.map'),
            height: 140,
            mapOptions: {
          zoom: 15
        },
        listeners: {
                maprender: function (mapCmp, gMap) {
                    this.gmap = gMap;

navigator.geolocation.getCurrentPosition(
      function(position) {
              var start = new
google.maps.LatLng(position.coords.latitude,position.co
ords.longitude);
              console.log(start);
              var marker = new google.maps.Marker({
                        map: gMap,
                        position: start,
                        icon:
'resources/images/currentlocation.png'
                        });


              var end = new
google.maps.LatLng(latitude, longitude);
              var directionsDisplay = new
google.maps.DirectionsRenderer();
              var directionsService = new
google.maps.DirectionsService();

              directionsDisplay.setMap(gMap);

              var request = {
                        origin:start,
                        destination:end,
                        travelMode:
        google.maps.DirectionsTravelMode.DRIVING
                        };


directionsService.route(request,
              function(response,status) {
                    if (status ==
                    google.maps.DirectionsStatus.OK)
                    {
```

```
                directionsDisplay.setDirections(response);
                    }
                });

        marker.setMap(null);

    });

                    var position = new
google.maps.LatLng(latitude,
                longitude);
                    Ext.defer(function () {
                        mapCmp.setMapCenter(position);
                    }, 100);

                    var marker = new
google.maps.Marker({
                        map: gMap,
                        position: position,
                        icon:
'resources/images/marker.png'
                    });
                    marker.setMap(null);


            }
        }
    })

}


});
```

Nella prima parte della funzione *onDettaglioShow*, ricaviamo l'indice dell'elmento selezionato andando a leggere la variabile globale *indexSelezione*.

```
        index = ATOApp.app.indexSelezione;
```

Usiamo questo indice per prendere dallo store AttrazioniStore tutte le informazioni che ci interessano.

```
var id =
Ext.getStore('AttrazioniStore').getAt(index).get('id');
var name =
Ext.getStore('AttrazioniStore').getAt(index)
     .get('name');
var type =
Ext.getStore('AttrazioniStore').getAt(index)
     .get('type');
var address =
Ext.getStore('AttrazioniStore').getAt(index)
          .get('address');
var phone =
Ext.getStore('AttrazioniStore').getAt(index)
     .get('phone');
var latitude =
     Ext.getStore('AttrazioniStore').getAt(index)
          .get('latitude');
var longitude =
     Ext.getStore('AttrazioniStore').getAt(index)
          .get('longitude');
var web = Ext.getStore('AttrazioniStore').getAt(index)
     .get('web');
```

Per vedere se tutto và bene, con le istruzioni di seguito presentiamo i log delle varibili ricavate:

```
console.log("id = " + id);
console.log("name = " + name);
console.log("type = " + type);
console.log("address = " + address);
console.log("phone = " + phone);
console.log("web = " + web);
```

e finalmente salviamo le variabili nel vettore associativo data:

```
var data = {
     id: id,
     name: name,
```

```
        type: type,
        address: address,
        phone: phone,
        web:web
    };
```

A questo punto non ci rimane che passarle al panel Dettaglio. Come facciamo ? Prendiamo il riferimento a questo panel andando a prendere il componente con id a "userData".

```
var homepanel = Ext.getCmp('userData');
```

Dopodichè, essendo homepanel un componente di tipo Ext.Panel, usiamo il suo metodo setData per passargli i dati che abbiamo appena ricavato:

```
homepanel.setData(data);
```

Il primo obiettivo di questo controller lo abbiamo raggiunto, ora dobbiamo presentare la mappa nel div "map" che abbiamo già preparato nel template.

Creiamo un oggetto di tipo *Ext.Map* e impostiamo la sua proprietà *renderTo* a:

```
    renderTo:
Ext.getCmp('userData').element.down('.map'),
```

In pratica stiamo dicendo di prendere il pannello e di questo pannello l'elemento "map", che si trova un livello di profondità più in basso.

```
Ext.create('Ext.Map', {
        renderTo:
Ext.getCmp('userData').element.down('.map'),
        height: 140,
        mapOptions: {
      zoom: 15
    },
```

Creato il componente aggiungiamo i listeners. In particolare vogliamo fare delle operazioni sull'evento "maprender".

```
listeners: {
        maprender: function (mapCmp, gMap) {
            this.gmap = gMap;
```

Quando si verifica questo evento vogliamo acquisire la posizione di partenza e segnarla con un marker:

```
navigator.geolocation.getCurrentPosition(
    function(position) {
        var start = new
google.maps.LatLng(position.coords.latitude,position.co
ords.longitude);
            console.log(start);
            var marker = new google.maps.Marker({
                    map: gMap,
                    position: start,
                    icon:
'resources/images/currentlocation.png'
                });
```

Successivamente ricaviamo il punto di destinazione sulla mappa di Google, grazie alle informazioni di latitudine e longitudine:

```
        var end = new
google.maps.LatLng(latitude, longitude);
```

Quindi tracciamo la direzione tra i due punti

```
    var directionsDisplay = new
        google.maps.DirectionsRenderer();
    var directionsService = new
        google.maps.DirectionsService();

directionsDisplay.setMap(gMap);

        var request = {
                    origin:start,
                    destination:end,
                    travelMode:
google.maps.DirectionsTravelMode.DRIVING
```

```
                                };

          directionsService.route(request,
              function(response,status) {
                  if (status ==
                      google.maps.DirectionsStatus.OK)
                          {
              directionsDisplay.setDirections(response);
                          }
                      });

                   marker.setMap(null);

              });


                  var position = new
                      google.maps.LatLng(latitude,
                                          longitude);
                  Ext.defer(function () {
                      mapCmp.setMapCenter(position);
                  }, 100);

                  var marker = new
                      google.maps.Marker({
                      map: gMap,
                      position: position,
                      icon:
'resources/images/marker.png'
                      });
                  marker.setMap(null);



                  }
              }
      })
```

Aggiungente dettaglioController al vettore "controllers" in app.js:

```
controllers:[
      'MapNavController',
      'ListNavController',
      'DettaglioController'
  ],
```

15.4 NavigationView: push

Non ci rimane che sfruttare le NavigationView che già abbiamo costruito per andare alla schermata di dettaglio quando si seleziona un elemento della lista o quando si clicca su un marker sulla mappa.

Abbiamo già visto che la navigationView funziona come una stack, quindi per andare in un'altra card useremo il suo metodo push. Quindi:

```
onListNavItemTap: function(list, index, target,
record,e, eOpts){
    console.log('onListNavItemTap ');

    console.log('hai cliccato su = '+
        record.data.name );
    console.log("Indice Oggetto cliccato = " +
index);

    ATOApp.app.indexSelezione = index;

    var navElm = this.getListNavView();
    navElm.push({
        xtype: 'dettaglio',
        title: record.data.name
    });

},
```

E sempre nel listener dei marker :

```
google.maps.event.addListener(marker, 'click',
        function() {
    var i = store.indexOf(item);
    console.log("Clic sul marker");
    console.log(item);

    ATOApp.app.indexSelezione = i;
```

```
var navElm =
ATOApp.app.getController('MapNavController').getM
apNavView();
        navElm.push({
            xtype: 'dettaglio',
            title: item.get('name')
        });
```

A questo punto potete eseguire l'applicazione. Provate a navigare avanti e indietro tra le schermate. Nota se non vedete una schermata come quella della figura sotto probabilmente non avete linkato il foglio di stile, *style.css*, dalla pagina *index.html*.

In *index.html*, all'interno del tag head inserite:

```
<link rel="stylesheet" type="text/css"
href="resources/css/style.css">
```

A questo punto dovreste vedere la schermata correttamente. Se la questione degli stile non è chiara non vi preoccupate, dedicherò un capitolo per approfondire temi e stili.

Figura 15.5 – La schermata di dettaglio.

15.5 Conclusioni

In questo capitolo abbiamo fatto un bel pò di passi avanti nella conoscenza di Sencha Touch.

Abbiamo imparato ad utilizzare i template e a passare le informazioni ai template per realizzare delle schermate dinamiche. Abbiamo visto come navigare da una schermata ad un'altra attraverso la navigationView. Abbiamo visto come chiamare altre applicazioni, come ad esempio il telefono o il browser e imparate interessanti funzionalità delle mappe di Google. E' un capitolo molto carico di informazioni, prendete il tempo necessario per acquisirle.

Nel prossimo capitolo vedremo un altro aspetto importante per lo sviluppatore delle applicazioni: La gestione del Multilingua.

16. Multilingua

"Il futuro dipende da ciò che facciamo nel presente"
M.Gandhi

In questo capitolo vedremo come localizzare la nostra applicazione basata su Sencha Touch. Vedremo come localizzare i messaggi specifici del framework e i messaggi della nostra applicazione. Innanzitutto come per gli altri capitoli, proverò a descrivere nel modo più chiaro che mi è possibile gli obiettivi. Vogliamo fare in modo che la nostra applicazione carichi la lingua corrispondente a quella utilizzata sul dispositivo dal quale si fruisce l'applicazione. Vogliamo fare una richiesta al server, attraverso jsonp, con l'informazione della lingua per ottenere come risposta un json nella lingua del dispositivo. Vogliamo che la nostra applicazione supporti la lingua italiana e la lingua inglese, se fruita da dispositivi con lingue diverse da quelle precedenti, l'applicazione si presenterà in lingua inglese. Negli screenshot delle schermate in basso potete vedere le differenze che presenterà l'applicazione a seconda che venga caricata da un dispositivo con lingua italiana o da uno in lingua inglese.

Figura 16.1 – Schermate multilingua 1.

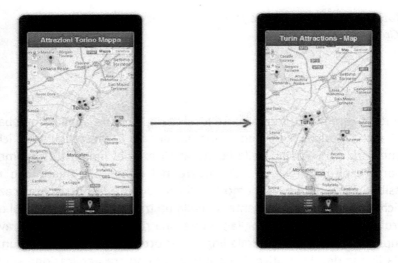

Figura 16.2 – Schermate multilingua 2.

Come potete vedere nelle immagini, cambiano i titoli delle schermate, i titoli delle tab, il testo del button indietro e il json presentato.

Ancora un'altra considerazione e poi possiamo alla fase di implementazione. Una decisione da prendere quando si sceglie di gestire la lingua in un'applicazione è quella di stabilire quando fare lo switch tra una lingua e un'altra. Ci sono diverse opzioni, ad esempio si può acquisire l'informazione della lingua attualmente in uso sul dispositivo e in base a questa informazione, caricare la lingua corretta, oppure si può creare una schermata per permettere all'utente di selezionare la lingua desiderata. In questo capitolo vedremo il primo caso d'uso non dovrebbe essere difficile per voi adattare i concetti visti per casi d'uso diversi.

16.1 Strategia per la gestione del multilingua

Come primo passo per la gestione della nostra applicazione multilingua dobbiamo creare tanti file javascript quante sono le lingue che vogliamo supportare. Per quanto riguarda la nostra applicazione, ATOApp, supponiamo di voler supportare due lingue: italiano, inglese. Per fare in modo che i componenti siano sensibili alla lingua creiamo delle costanti letterali, (vedi listato 16.1) che salviamo nei file javascript della lingua. Create una cartella lang nella directory principale dell'applicazione e all'interno di questa cartella create i seguenti due file Lang-it.js e Lang-en.js.

Figura 16.3 – File per la gestione della lingua.

All'interno dei file appena creati, inseriamo la definizione delle stringhe, sotto avete un esempio.

Lang-it.js

```
Messages = {
    APP_NAME: 'Attrazioni Torino',
    APP_MAPVIEW_NAME: 'Attrazioni Torino - Mappa',
    TAB_SETTINGS_NAME: 'Impostazioni',
    TAB_LIST_NAME: 'Lista',
    TAB_MAP_NAME: 'Mappa',
    BACKBUTTON: 'Indietro'
};
```

Lang-en.js

```
Messages = {
    APP_NAME: 'Turin Attractions',
    APP_MAPVIEW_NAME: 'Turin Attractions - Map',
    TAB_SETTINGS_NAME: 'Settings',
    TAB_LIST_NAME: 'List',
    TAB_MAP_NAME: 'Map',
    BACKBUTTON: 'Back'
};
```

A questo punto nei punti della nostra applicazione che vogliamo localizzare useremo delle costanti letterali.

Iniziamo con il legare i nomi delle icone delle tab con i file della lingua. Modificate il file *app/view/Main.js* come segue:

Main.js

```
Ext.define('ATOApp.view.Main', {
    extend: 'Ext.tab.Panel',
    xtype: 'main',
    requires: [

    ],
    config: {
        tabBarPosition: 'bottom',
```

```
            items: [
                {
                    xtype:'listnavview',
                    //title: 'Lista',
                    title: Messages.TAB_LIST_NAME,
                    iconCls: 'list'
                },
                {

                    xtype:'mapnavview',
                    //title: 'Mappa',
                    title: Messages.TAB_MAP_NAME,
                    iconCls: 'maps'
                }

            ]
        }
});
```

Ora facciamo il modo che il testo del tasto indietro cambi con la lingua. Modificate il file *app/view/ListNavView.js* come segue

```
Ext.define('ATOApp.view.ListNavView', {
    extend: 'Ext.navigation.View',
    alias: 'widget.listnavview',

    requires: [
    ],

    config: {
        itemId: 'listnavviewitemid',
        //defaultBackButtonText: 'Indietro',
        defaultBackButtonText: Messages.BACKBUTTON,
        id: 'listnavview',
        autoDestroy: false,
        'Navigation Bar': false,

        items: [
            {
                xtype: 'attrazionilist'
            }
        ]
    }

});
```

Facciamo lo stesso lavoro con **MapNavView.js** :

```
Ext.define('ATOApp.view.MapNavView', {
    extend: 'Ext.navigation.View',
    alias: 'widget.mapnavview',

    requires: [
        'Ext.Map'
    ],

    config: {
        itemId: 'mapnavviewitemid',
        defaultBackButtonText: Messages.BACKBUTTON,
        id: 'mapnavview',
        autoDestroy: false,
        'Navigation Bar': false,
        items: [
            {
                xtype: 'map',
                navigationControl: true,
                id:'gmap',
                name: 'place_map',
                //title:'Attrazioni Torino Mappa',
                title:Messages.APP_MAPVIEW_NAME,
                mapOptions: {
                            navigationControl: true,

                    mapTypeId :
google.maps.MapTypeId.ROADMAP,
                    navigationControlOptions: {
                        style:
google.maps.NavigationControlStyle.DEFAULT
                    },

                    zoom: 11
                },
                useCurrentLocation: false
            }


        ]
    }

});
```

e per **AttrazioniList.js** :

```
Ext.define('ATOApp.view.AttrazioniList', {
    extend: 'Ext.dataview.List',
    alias: 'widget.attrazionilist',

    config: {
        store: "AttrazioniStore",
        grouped: true,
        variableHeights: true,
        itemId: "attrazioniListItemId",
        infinite: true,
        itemTpl: [
            '<div class="avatar" style="background-
image: url(data/images/{id}.jpg)"></div>',
            '<h3>{name}</h3>',
            '<h4>{type}</h4>'
        ]
    },


    initialize: function() {
        //this.config.title = ATOApp.app.title;
        this.config.title = Messages.APP_NAME;

        this.callParent();
    }

});
```

Ora ci serve un meccanismo per cambiare la lingua. Come abbiamo già anticipato nell'introduzione potremmo presentare all'utente l'applicazione nella lingua nella quale attualmente stà utilizzando il dispositivo, questo significa caricare quella lingua, se è implementata nella nostra app o una lingua di default nel caso questa non sia implementata.

16.1.1 Leggere la lingua usata dal dispositivo

Ci sono diversi modi per raggiungere questo obiettivo. Lo script sotto che potete includere direttamente o tramite un file esterno in index.html, stabilisce il linguaggio del dispositivo e carica il corretto file della lingua, se il linguaggio del dispositivo non è presente tra quelli disponibili, sarà scelta di default la lingua inglese.

```
<script>
    var locales = [ 'it', 'en'];
    var locale = 'en'; // lingua di default
    var langLoad = navigator.language; // lingua del
dispositivo

    // devo prendere solo i primi due caratteri di
loadlang (vedi spiegazione successiva.
    var res = langLoad.substring(0, 2);
    console.log(res);
    // Controllo se la lingua del dispositivo è
presente tra le lingue dell'applicazione
for (var i = locales.length - 1; i >= 0; i--) {
    if (res === locales[i]) {
        locale = res;
        break;
    }
};

    // Debug : log della lingua trovata
    console.log("locale = "+ locale);

    // Caricamento del Javascript
    var jsElm = document.createElement("script");
    jsElm.type = "application/javascript";
    jsElm.src = "lang/lang-" + locale + ".js";
    document.head.appendChild(jsElm);

</script>
```

All'interno della nostra applicazione potremo fare riferimento alla lingua attraverso la variabile locale o potreste creare una variabile globale "lang" in cui tenere traccia della lingua. Per creare la variabile globale aprite *app.js* e definite lang come nel codice presentato sotto. La variabile lang è impostata con il valore di locale.

```
Ext.application({
    name: 'ATOApp',
    //title: 'Attrazioni Torino',
    lang: locale,
```

Bene, a questo punto ci rimane solo una cosa da fare ossia richiedere al server che restituisca i dati in base alla lingua. Lato server è già presente questa opportunità, se volete che il server vi restituisca il json localizzato passiamo il parametro lang impostato al valore della lingua dell'applicazione. Probabilmente il codice dovrebbe chiarire tutto. All'interno di *ATOApp/store/AttrazioniStore.js* alla chiamata jsonp inserite il parametro lang impostato al valore della lingua corrente (ATOApp.app.lang):

```
params: {
    lang: ATOApp.app.lang
},
```

Il codice completo dello store diventa:

```
Ext.define('ATOApp.store.AttrazioniStore', {
    extend: 'Ext.data.Store',

    requires: [
        'ATOApp.model.AttrazioneModel'
    ],

    config: {
        autoLoad: true,
        model: 'ATOApp.model.AttrazioneModel',
        storeId:  "AttrazioniStore",

        params: {
            lang: ATOApp.app.lang
        },
        proxy: {
            type: 'jsonp',
            url:
'http://www.appacademy.it/book/get.php',
            lang:'it',
            reader: {
                type: 'json',
                rootProperty: 'attractions'
            }
        },
        grouper: {
            property: 'type'
        }
    }
});
```

Con questa ultima implementazione la nostra applicazione è localizzata. Testate il funzionamento nel browser. Provate a cambiare la lingua del browser. Collegatevi all'applicazione da dispositivo mobile e provate a cambiare le impostazioni di lingua del dispositivo per verificare che tutto funzioni a dovere.

Come esercizio potreste provare a lavorare in locale all'applicazione usando il protocollo json al posto di jsonp. In questo caso dovrete creare un un file .json con la lingua inglese e scrivere la logica di caricamento del file .json in lingua italiana o del file . json in lingua inglese in base alla variabile *ATOApp.app.lang*.

16.2 Conclusioni

In questo capitolo abbiamo inserito un altro importante tassello al nostro bagaglio di conoscenze sullo sviluppo app con Sencha Touch: la gestione della lingua. Abbiamo visto un metodo per gestire la lingua per mezzo di costanti letterali.

Siamo pronti per un altro importante e complesso capitolo che ci permetterà di imparare come gestire i profili, ossia come presentare un'esperienza utente diversa in base al dispositivo dal quale ci si collega all'applicazione.

17. Profili:UX differente in base al dispositivo

"Anche se giriamo il mondo in cerca di ciò che è bello, o lo portiamo già in noi, o non lo troveremo."
Ralph Waldo Emerson

I dispositivi mobile hanno una grande varietà di schermi e di risoluzioni. Semplifichiamo pensando a come può essere fruita la web app che svilupperemo. Potremmo renderla disponibile per Desktop, Tablet e Smartphone, oppure se intendiamo creare un pacchetto da distribuire sugli app store, spesso è utile fornire almeno due user experience diverse a seconda che l'applicazione venga fruita da tablet o da smartphone.

L'obiettivo di questo capitolo è quello di realizzare un user experience per tablet e di fare in modo che il dispositivo utilizzi la "user experience" adatta. Al punto in cui siamo arrivati, l'utente che apre la nostra app vedrà un ux per smartphone, ma sui tablet possiamo sfruttare la grandezza dello schermo, ed evitare di far fare troppi cambi di pagina all'utente.

In questo capitolo vedremo:

- Un overview sui profili

- Come impostare i profili

- Come testare i profili

- Come caricare CSS custom in base al device

Estenderemo l'applicazione fin qui realizzata aggiungendo un interfaccia per tablet. Sfrutteremo la grandezza dello schermo per avere la lista e il dettaglio nella stessa schermata. La nostra prima attività sarà quella di creare una schermata con a sinistra la lista delle attrazioni e a destra la vista delle attrazioni sulla mappa. Alla fine di questo capitolo realizzaremo una web app alla quale se ci colleghiamo da tablet o da desktop risulterà così:

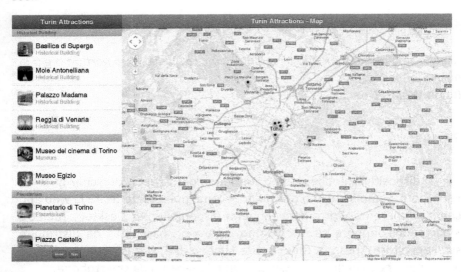

Figura 17.1 – Profilo per tablet e desktop. Schermata 1.

Cliccando su un'attrazione presente sulla mappa o sulla lista avremo la seguente schermata:

Figura 17.2 – Profilo per tablet e desktop. Schermata 2.

Inoltre potremo visualizzare le attrazioni sulla lista raggruppate per tipo o ordinate per nome:

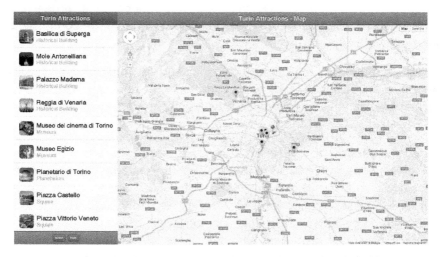

Figura 17.3 – Profilo per tablet e desktop. Attrazioni raggruppate per tipo.

Se ci si collega all'applicazione con uno smartphone si continuerà a vedere l'applicazione implementata nel capitolo precedente. Bene se gli obiettivi sono chiari possiamo cominciare, ci aspettano diversi concetti da apprendere in questo capitolo.

17.1 Overview dei Profili

In Sencha Touch i profili permettono di organizzare il flusso dei file da prendere per gestire le funzionalità dell'applicazione rispetto a profili. Quando si avvia un'applicazione i profili determinano su quale tipo di dispositivo è stata avviata l'applicazione e caricano un differente insieme di views e controllers in base al dispositivo. Tipicamente stores e models non cambiano. Quindi la prima cosa che appare chiara e che per ogni dispositivo dovremo creare un proprio insieme di controllers e views. Il framework non è così rigido, infatti se ci sono delle funzionalità comuni sarà possibile utilizzare, ad esempio, un controller per più profili.

17.2 Le basi dei Profili

Come regola generale, è di solito una buona idea progettare un'applicazione specificamente per un device o tenendo conto della risoluzione dello schermo.

Ad esempio uno schermo piccolo richiede un font più grande per mantenere la leggibilità e ha meno spazio utilizzabile per mostrare le informazioni, quindi su questi dispositivi le informazioni sono organizzate su più schermi.

Se utilizzassimo le interfacce e ux create per lo smartphone anche per i tablet, per gli utilizzatori di tablet sarebbe frustrante dover scorrere due pagine quando le informazioni potrebbero stare nella stessa schermata. Spesso, per applicazioni semplici, lavorando sui fogli di stile si riesce a fare le necessarie modifiche all'interfaccia. In questi casi non sarà necessario creare un profilo ma sarà sufficiente caricare un css diverso in base al dispositivo. Questo metodo ci permette di usare le classi css degli elementi per controllare l'intera presentazione della nostra applicazione.

Per applicazioni più complesse la combinazione di profili e fogli di stile ci permetterà di creare un esperienza utente migliore.

17.3 Usare i Profili

Il primo passo da fare per impostare i profili implementati nell'applicazione è definirli nel file app.js attraverso l'array *profiles*. Abbiamo già visto come app.js sia il punto iniziale dell'applicazione. Il flusso è l'index.html chiama app.js. All'interno di app.js vengono caricati i modelli, gli store e nel metodo launch viene richiamata la view iniziale dell'applicazione. Il flusso di esecuzione dell'applicazione è il seguente: l'index.html chiama app.js. All'interno di app.js vengono caricati i modelli, gli store e nel metodo launch viene richiamata la view iniziale dell'applicazione.

Quando si usano i profili le gestione cambia leggermente. In app.js bisogna dichiarare i profili.

```
Ext.application({
    name: 'ATOApp',
    title: 'Attrazioni Torino',

    requires: [
        'Ext.MessageBox',
        'ATOApp.util.Util'
    ],

    profiles:[
        'Phone',
        'Tablet'
    ],

    ...
```

Il nome che si dà al profilo è arbitrario, e si possono avere tutti i profili che si vogliono. Ad esempio si possono specificare profili in base al Sistema Operativo o al tipo di device. L'altro aspetto da tenere presente è che quando si usano i profili, solitamente non si usa una funzione launch nel file app.js, in quanto all'interno di ogni profilo ci sarà una funzione lunch specifica per quel profilo.

Il terzo concetto è che i profili devono essere messi all'interno della directory profile presente in app e devono avere lo stesso nome che si è specificato all'interno di app.js

Figura 17.4 – La cartella profile.

Il profilo attivo caricherà le suee views e i suoi controllers e avvierà la schermata iniziale. Per sapere quale profilo dovrà prendere il controllo dell'applicazione, il framework Sencha Touch interrogherà i diversi profili e darà il controllo al primo primo profile che risponde "attivo".
Il singolo profilo risponderà attivo o non attivo a seconda del valore di ritorno della funzione isActive().

```
isActive: function() {
    return Ext.os.is.Phone;
},
```

su **http://docs.sencha.com/touch/2.4/2.4.2-apidocs/#!/api/Ext.os** potete trovare altre proprietà del dispositivo che potete interrogare e in base alle quali restituire un profilo diverso.

Ad esempio, la funzione sopra restituirà il valore "true" alla richiesta "isActive" se l'applicazione è lanciata su uno Smartphone. Quindi i nostri due profili possono avere la seguente forma:

```
Ext.define('ATOApp.profile.Phone', {
    extend: 'Ext.app.Profile',
    config: {
        name: 'Phone',

        views: [
            'Main'
        ]
    },
    isActive: function() {
        return Ext.os.is.Phone;
    },
    launch: function() {
        // Destroy the #appLoadingIndicator element
```

```
        Ext.fly('appLoadingIndicator').destroy();
        console.log('phone');
        Ext.create('ATOApp.view.phone.Main',
{fullscreen: true});
    }
});
```

per il tablet:

```
Ext.define('ATOApp.profile.Tablet', {
    extend: 'Ext.app.Profile',
    config: {
        name: 'Tablet',

        views: [
            'Main'
        ]
    },
    isActive: function() {
        return Ext.os.is.Tablet;
    },
    launch: function() {
        // Destroy the #appLoadingIndicator element
        Ext.fly('appLoadingIndicator').destroy();
        console.log('tablet');
        Ext.create('ATOApp.view.tablet.Main',
{fullscreen: true});
    }
});
```

Il file app.js caricherà uno dei profili, in particolare quello la cui funzione isActive ritorna true. Solo un profile dovrebbe essere true.
Per praticità di debug, in questa fase di sviluppo dell'interfaccia faremo il debug del profilo tablet sul desktop, perchè diventerebbe scomodo in questa fase verificare la visualizzazione ogni volta su un tablet. Quindi vogliamo che ogni volta che si apre l'applicazione da un Desktop, venga presentato il profilo tablet.

Per ottenere questo basta fare una piccola modifica all'interno del file *app/profile/Tablet.js* appena creato.

Cercate:

```
isActive: function() {
        return Ext.os.is.Tablet;
    },
```

E modificatelo in:

```
    isActive: function() {
        return Ext.os.is.Tablet || Ext.os.is.Desktop;

    },
```

quindi il file Tablet.js diventa:

```
Ext.define('ATOApp.profile.Tablet', {
    extend: 'Ext.app.Profile',
    config: {
        name: 'Tablet',

        views: [
            'Main'
        ]
    },
    isActive: function() {
        return Ext.os.is.Tablet || Ext.os.is.Desktop;
    },
    launch: function() {
        // Destroy the #appLoadingIndicator element
        Ext.fly('appLoadingIndicator').destroy();
        console.log('tablet');
        Ext.create('ATOApp.view.tablet.Main',
{fullscreen: true});
    }
});
```

In ogni profilo dovranno essere specificate le proprie views e i propri controllers.
Ad esempio se il nostro profilo tablet ha un controller chiamato Main.js, dovremmo includerlo nel nostro profilo proprio come prima facevamo in app.js.

```
controller: [
        'Main'
    ]
```

Attenzione a questo cambiamento. Siccome abbiamo specificato il controller all'interno del profilo tablet, la funzione Ext.loader andrà a cercare il file all'interno di *app/controller/tablet/Main.js*. Se inseriamo la stessa definizione nel profile phone, il loader andrà a cercare quel file in *app/controller/phone/Main.js* .

E' possibile sovrascrivere questo comportamento specificando l'intero percorso del controller che si vuole caricare:

```
controller: [
        'ATOApp.controller.Main'
    ]
```

Con la definizione sopra diciamo al loader di caricare il file Main.js presente in app/controller. I file comuni ai diversi profile invece che includerli in ogni profilo li includiamo direttamente in app.js.

1.   Viene determinato il profilo attivo .
2.   Sono istanziati i controllers nel profile o in app.js
(in conseguenza di ciò sono attivate le funzioni init all'interno dei controllers).
3.   Viene avviata la launch function nel profilo.
4.   Viene avviata la launch function in app.js

Le funzioni di launch sono opzionali, si specificano solo se è necessario per la nostra applicazione.

17.4 Inserire i Profili nell'applicazione

Per la nostra applicazione tablet creiamo una view con un layout a due colonne. Il risultato che vogliamo ottenere è riportato nella schermata in basso:

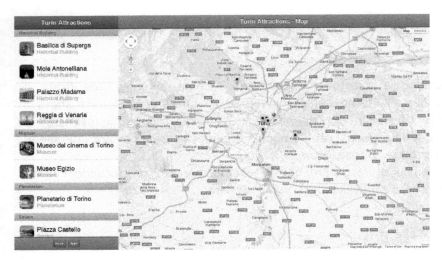

Figura 17.5 – I profili dell'applicazione.

Se volete realizzare una web application fruibile anche da desktop con una sua ancora diversa user experience dovrete creare un'ulteriore profilo. Avreste un array profiles come questo:

```
profiles:[
        'Phone',
        'Tablet',
        'Desktop'
    ],
```

Nel nostro caso l'obiettivo è creare un'applicazione che poi dovrà essere distribuita sugli app store, quindi deve essere fruita da dispositivi mobile, per questo motivo la nostra applicazione sarà indirizzata a smartphone e tablet. Con questo obiettivo non avrebbe senso aggiungere un ulteriore profilo Desktop, andremmo soltanto ad appesantire il nostro pacchetto, che invece sarebbe opportuno tenere quanto più leggero possibile. Nell' app che andiamo a distribuire sugli store ci deve essere solo l'indisponsabile e niente di superfluo.

Quindi iniziamo a definire i due profili Phone e Tablet, all'interno di app.js. L'array si presenterà così:

```
profiles:[
        'Phone',
        'Tablet'
```

```
],
```

e commentate gli array views e controllers in app.js, perché tra poco li andremo a gestire nei profili. Quindi app.js si presenta così:

```
Ext.application({
    name: 'ATOApp',
    //title: 'Attrazioni Torino',
    lang: locale,

    indexSelezione: 0,

    requires: [
        'Ext.MessageBox'

    ],

    profiles:[
        'Phone',
        'Tablet'
    ],

    models: [
        'AttrazioneModel'
    ],

    stores: [
        'AttrazioniStore'
    ],

    /*controllers:[
        'MapNavController',
        'ListNavController',
        'DettaglioController'
    ],

    views: [
        'Main',
        'ListNavView',
        'MapNavView',
        'AttrazioniList',
        'Dettaglio'
    ],
    */
    icon: {
        '57': 'resources/icons/Icon.png',
        '72': 'resources/icons/Icon~ipad.png',
```

```
              '114': 'resources/icons/Icon@2x.png',
              '144': 'resources/icons/Icon~ipad@2x.png'
        },

        isIconPrecomposed: true,

        startupImage: {
              '320x460': 'resources/startup/320x460.jpg',
              '640x920': 'resources/startup/640x920.png',
              '768x1004': 'resources/startup/768x1004.png',
              '748x1024': 'resources/startup/748x1024.png',
              '1536x2008': 'resources/startup/1536x2008.png',
              '1496x2048': 'resources/startup/1496x2048.png'
        },

        /*launch: function() {
              // Destroy the #appLoadingIndicator element

              console.log( jsElm.src );
              this.lang=locale;

              Ext.fly('appLoadingIndicator').destroy();

              // Initialize the main view

Ext.Viewport.add(Ext.create('ATOApp.view.Main'));
        },*/

        onUpdated: function() {
            Ext.Msg.confirm(
                "Application Update",
                "This application has just successfully
been updated to the latest version. Reload now?",
                function(buttonId) {
                    if (buttonId === 'yes') {
                        window.location.reload();
                    }
                }
            );
        }
});
```

Ora, all'interno della cartella *app/profiles* creamo i due file Phone.js, Tablet.js che si presenteranno così:

```
Ext.define('ATOApp.profile.Phone', {
```

```
    extend: 'Ext.app.Profile',
    config: {
        name: 'Phone',

        views: [
            'Main'
        ]
    },
    isActive: function() {
        return Ext.os.is.Phone;
    },
    launch: function() {
        // Destroy the #appLoadingIndicator element
        Ext.fly('appLoadingIndicator').destroy();
        console.log('phone');
        Ext.create('ATOApp.view.phone.Main',
{fullscreen: true});
    }
});
```

per il tablet:

```
Ext.define('ATOApp.profile.Tablet', {
    extend: 'Ext.app.Profile',
    config: {
        name: 'Tablet',

        views: [
            'Main'
        ]
    },
    isActive: function() {
        return Ext.os.is.Tablet || Ext.os.is.Desktop;;
    },
    launch: function() {
        // Destroy the #appLoadingIndicator element
        Ext.fly('appLoadingIndicator').destroy();
        console.log('tablet');
        Ext.create('ATOApp.view.tablet.Main',
{fullscreen: true});
    }
```

Ora all'interno della cartella view creiamo altre due cartelle : phone e tablet. Spostate i file che sono stati creati fino a questo momento presenti in view nella cartella phone.

Aprite i file all'interno di view/phone appena copiati nella cartella phone e modificatoe il loro percorso in Ext .define. Ad esempio:

```
Ext.define('ATOApp.view.Main', {
```

Diventerà:

```
Ext.define('ATOApp.view.phone.Main', {
```

Procedete allo stesso modo per tutti gli altri file presenti nella cartella.

A questo punto bisogna dire al loader di Sencha che esistono quelle views in quel profilo. Aprite il file *app/profile/Phone.js* e inserite il vettore delle views in questo file che rappresenta il punto di inizio del profile:

```
Ext.define('ATOApp.profile.Phone', {
    extend: 'Ext.app.Profile',
    config: {
        name: 'Phone',
        views: [
            'Main',
            'ListNavView',
            'MapNavView',
            'AttrazioniList',
            'Dettaglio'
        ]
```

Il loader andrà a cercare queste views in *app/views/phone/*.

Le views hanno bisogno dei controllers, procediamo allo stesso modo. All'interno di app/controller create le due cartelle phone e tablet e poi spostando i file creati fino ad ora nella cartella phone. Modificate in tutti i file spostati il percorso. Ad esempio:

```
Ext.define('ATOApp.controller.ListNavController', {
```

Diventa:

```
Ext.define('ATOApp.controller.phone.ListNavController',
{
```

Prima di provare che tutto funzioni ancora un pò di pazienza.
Dobbiamo costruire lo stesso percorso per il profilo tablet. Come primo
step sarà sufficiente creare il file *Main.js*. Quindi in
\ATOApp\app\view\tablet create un nuovo file *Main.js* e inserite questo
contenuto:

```
Ext.define('ATOApp.view.tablet.Main', {
    extend: 'Ext.Panel',
    xtype: 'maintablet',
    requires: [

    ],
    config: {
        layout: 'fit',
        html:"tablet"
    }
});
```

Ora dovete informare il gestore di questo profilo che esiste questa
nuova view. Aprite *\ATOApp\app\profile\Tablet.js* e inserite la view Main
nell'array views:

Dovreste avere un file Tablet.js come il seguente:

```
Ext.define('ATOApp.profile.Tablet', {
    extend: 'Ext.app.Profile',
    config: {
        name: 'Tablet',
        views: [
            'Main'
        ]
    },
    isActive: function() {
        return Ext.os.is.Tablet || Ext.os.is.Desktop;
    },
    launch: function() {
        // Destroy the #appLoadingIndicator element
        Ext.fly('appLoadingIndicator').destroy();
        console.log('tablet');
        Ext.create('ATOApp.view.tablet.Main',
{fullscreen: true}));
    }
});
```

Ora è giunto il momento di verificare quanto abbiamo fatto. Aprite l'applicazione con il browser del vostro Desktop. Dovreste vedere una schermata come questa:

Figura 17.6 – Il profilo Desktop.

Se aprite lo stesso indirizzo utilizzando il vostro smartphone dovreste vedere la schermata che abbiamo costruito nel capitolo precedente:

Figura 17.7 – Il profilo smartphone.

Se avete un tablet fisico e volete testare su questo dispositivo il comportamento della vostra applicazione procedete come per lo smartphone.

Per coloro che fanno questa operazione per la prima volta ricordatevi per accedere alla pagina web generata dal web server del vostro desktop dallo smartphone o dal tablet dovrete essere ad esempio nella stessa rete wifi in cui si trova il Desktop e mettere l'indirizzo IP del vostro PC.

Se non avete la possibilità di provare le pagine con dei dispositivi fisici usate gli emulatori che dovreste avere se avete installato almeno una tra le piattaforme di sviluppo per Android, iOS, Windows Phone.

A questo punto l'architettura della nostra applicazione è pronta, dobbiamo sviluppare le schermate per la parte tablet.

17.5 Il profilo Tablet

Come primo passo per costruire la schermata del tablet modifichiamo il file *ATOApp.view.tablet.Main* per avere la struttura di schermata lista, dettaglio.

```
Ext.define('ATOApp.view.tablet.Main', {
    extend: 'Ext.Panel',
    xtype: 'maintablet',

    config: {
        layout: 'hbox',
        items: [
            {
                xtype: 'listaview',
                flex: 1
            },
            {
                xtype: 'detailview',
                flex: 3
            }
        ]
    }
});
```

Notate l'attributo flex specificato in ciascuno dei componenti figli di Main. Impostando flex=1 per il componente listaview e flex = 3 per il componente detailview stiamo dicendo che nel layout orizzontale la larghezza del primo componente sarà un terzo della larghezza del componente detailview. Ossia dividendo lo schermo in quattro colonne, una colonna sarà riservata a listaview e 3 colonne a detailview.

17.5.1 Generare eventi custom

Il componente Listaview è simile al componente *AttrazioniList* che abbiamo creato per il profilo Phone. Questa volta aggiungiamo qualche nuovo concetto inserendo una titlebar in alto e una toolbar in basso sulla quale metteremo due bottoni allineati orizzontalmente. Create un file *Listaview.js* in view/tablet e inserite il seguente codice:

```
Ext.define('ATOApp.view.tablet.Listaview', {
    extend: 'Ext.List',
    xtype: 'listaview',
    requires: [
        'Ext.Toolbar',
    ],
    config: {
        items: [{
            xtype: 'titlebar',
            docked: 'top',
            title: Messages.APP_NAME,
        },{
            xtype: 'toolbar',
            layout: {
                type: 'hbox',
                pack: 'center'
            },
            docked: 'bottom',
            ui: 'light',
            items: [{
                handler: function(){
                    this.fireEvent('filtername');
                },
                ui: 'small',
                text: 'name'
            },{
```

```
        handler: function(){
            this.fireEvent('filterdistance');
        },
        ui: 'small',
        text: 'type'
    }],
}],

    store: "AttrazioniStore",
    grouped: true,
    variableHeights: true,
    itemId: "attrazioniListItemId",
    infinite: true,
    itemTpl: [
        '<div class="avatar" style="background-
image: url(data/images/{id}.jpg)"></div>',
        '<h3>{name}</h3>',
        '<h4>{type}</h4>'
    ]
},
    initialize: function() {
    this.config.title = Messages.APP_NAME;

    this.callParent();
    }
});
```

Il concetto nuovo introdotto in questa view è la generazione di eventi custom. Ad esempio nel codice del primo buttun stiamo dicendo che quando l'utente interagisce con il componente deve essere generato l'evento "filtername":

```
{
        handler: function(){
            this.fireEvent('filtername');
        },
        ui: 'small',
        text: 'name'
}
```

Vedremo poi nella sezione dei controlli come gestire questo evento.

17.5.2 Gestire view in aree di schermata

L'obiettivo di questo paragrafo sarà quello di mostrare il dettaglio dell'attrazione cliccata nell'area di schermata dove ora è presente la mappa. Realizzaremo la vista *DetailView*.

La vista Detailview è molto simile a alla vista *MapNavView* che abbiamo sviluppato per il profilo *phone*. Questa volta per gestire la visualizzazione della schermata di dettaglio useremo un layout card grazie al quale potremmo presentare la mappa o il dettaglio. Questo è un altro modo per gestire la navigazione tra le views.

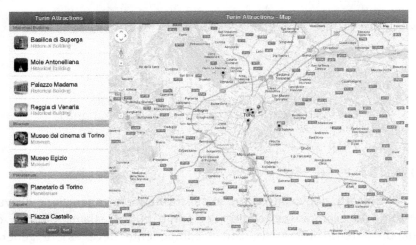

Figura 17.8 – Gestione di view in aree di schermata.

Figura 17.9 – Gestione di view in aree di schermata. L'area di dettaglio.

Ecco il codice che dovrebbe chiarire già da solo un pò di concetti:

```
Ext.define('ATOApp.view.tablet.DetailView', {
    extend: 'Ext.Container',
    xtype: 'detailview',
    requires: [
        'Ext.TitleBar',
        'Ext.Button',
        'Ext.layout.Card',
        'Ext.Map',

    ],
    config: {
        layout: 'card',
        itemId: 'detailviewItemId',
        id: 'detailviewItemId',
        items: [{
                xtype: 'titlebar',
                ui: 'light',
                docked: 'top',
                title:Messages.APP_MAPVIEW_NAME,

            },

            {
                xtype: 'map',
```

245

```
                    navigationControl: true,
                    id:'gmap',
                    name: 'tabletMap',

                    mapOptions: {
                                navigationControl: true,

                    mapTypeId :
google.maps.MapTypeId.ROADMAP,
                        navigationControlOptions: {
                            style:
google.maps.NavigationControlStyle.DEFAULT
                        },

                        zoom: 11
                    },
                    useCurrentLocation: false
                }, {
                    padding: '20',
                    cls : 'transparent details-info',
                    style:'background-color: red',
                     id: 'userData',

                    tpl: Ext.create("Ext.XTemplate",
                        '<div class="block content" >',
                            '<div class="container">',
                                '<div class="avatar_big"
style="background-image:
url(data/images/{id}.jpg)"></div>',
                                '<div
class="name">{name}</div>',
                                '<div
class="address">{type}</div>',
                                '<div
class="address">{address}</div>',
                            '</div>',
                            '<div class="actions">',
                              '<div class="website">',
                              '<a href={web}>',
                                '<div
class="icon"></div>',
                                '<div
class="text">Website</div>',
                              '</a>',
                            '</div>',
                            '<div class="phone">',
                              '<a href="tel:{phone}">',
```

```
                                '<div
class="icon"></div>',
                                    '<div
class="text">Call</div>',
                                '</a>',
                            '</div>',
                        '</div>',
                    '</div>',

                    '<div class="block
map_tablet"></div>',{}),


            items: [{
                docked: 'right',
                xtype: 'button',
                action: 'close',
                cls: 'closebtn',
                iconCls: 'delete',
                padding: 20,
                height: 50,
                handler: function() {
                    this.fireEvent('close');
                },
                ui: 'plain'
            }


            ],
        }
    ]
  }
});
```

Create un file DetailView.js è copiate il codice sopra.

Il codice che nel profilo phone era diviso in *MapNavView* e *Dettaglio* in questo caso lo scomponiamo nelle due card. Analizzate con calma il codice, ci sono concetti già visti nei capitoli precedenti che qui abbiamo messo insieme la logica di presentazione delle card e gestione degli eventi la scriveremo nel prossimo paragrafo quando implementere i Controller.

Create le due view, ora le dobbiamo aggiungere in *Tablet.js*:

```
Ext.define('ATOApp.profile.Tablet', {
    extend: 'Ext.app.Profile',
    config: {
        name: 'Tablet',
        controllers:
//['TabletDettaglioController','TabletSettingsControlle
r'],
        views: [
            'Main',
            'Listaview',
            'DetailView'

        ]
    },
    isActive: function() {
        return Ext.os.is.Tablet || Ext.os.is.Desktop;
    },
    launch: function() {
        // Destroy the #appLoadingIndicator element
        Ext.fly('appLoadingIndicator').destroy();
        console.log('tablet');
        Ext.create('ATOApp.view.tablet.Main',
{fullscreen: true});
    }
});
```

17.5.3 Controller del tablet

Per gestire la logica delle informazioni delle views del tablet create un controller nella cartella *controller/tablet* e chiamatelo *TabletDettaglioController.js*

La prima attività che andremo a fare nel controller sarà quella di gestire correttamente la visualizzazione dei marker sulla mappa. Non cambia rispetto a quanto visto per il profilo phone, sull'evento show della mappa gestiamo i marker. Di seguito il codice che presenterò a pezzi.

Inserite i riferimenti:

```
    refs: {
            'listaview': 'listaview',
            'detailView': 'detailview',
            tabletMap: 'map[name="tabletMap"]'
    },
    control: {
        tabletMap: {
            show: 'onTabletDettaglioShow'


    }
},
```

Gestione dei marker:

```
    loadLocal: function() {
        console.log("TabletDettaglioController -->
loadLocal");
        Ext.Viewport.mask({
            xtype: 'loadmask',
            message: 'loading...'
        });

        var me = this;

Ext.getStore('AttrazioniStore').load(function(item) {
            var count =
Ext.getStore('AttrazioniStore').getCount();
            if (count < 1) {
                console.log("Non ci sono oggetti da
visualizzare")
            } else {

                var map =
Ext.ComponentQuery.query('map')[0];

navigator.geolocation.getCurrentPosition(function(posit
ion) {
                    var start = new
google.maps.LatLng(position.coords.latitude,position.co
ords.longitude);
                    console.log(start);
                    Ext.defer(function () {
                        map.setMapCenter(start);
                    }, 100);
```

```javascript
                var marker = new
                    google.maps.Marker({
                    map: map.getMap(),
                    position: start,
                    icon:
'resources/images/currentlocation.png'
                });

            });

            me.loadMarkers(map, map.getMap());
            Ext.Viewport.unmask();
        }
    });
},


removeMarkers: function() {
    var me = this,
        markers = me.getMarkers(),
        total = markers.length;

    for (var i = 0; i < total; i++) {
        markers[i].setMap(null);
    }
    markers.splice(0, total);
    me.setMarkers(markers);
},


loadMarkers: function(comp, map) {
    console.log("MapNavController -->
            loadMarkers");
    list = this.getListaview();

    var me = this,
        store = Ext.getStore('AttrazioniStore'),
        markers = me.getMarkers(),
        gm = comp.getMap();

    if (markers.length > 0)
    {
        console.log("[>0] markers.length = " +
            markers.length);
        me.removeMarkers();
    }else{
        console.log("markers.length = " +
            markers.length);
```

```
        }
        store.each(function(item, index, length) {

            var latlng = new
              google.maps.LatLng(item.get('latitude'),item
              .get('longitude'));

                var marker = new google.maps.Marker({
                    map: gm,
                    position: latlng,
                    icon: 'resources/images/marker.png'
                });

            markers.push(marker);

            google.maps.event.addListener(marker,
                'click', function() {
                var i = store.indexOf(item);
                console.log("Clic sul marker");
                console.log(item);

                ATOApp.app.indexSelezione = i;
                list.select(i);

        });

            me.setMarkers(markers);
        });

    },

    onTabletDettaglioShow: function(component, eOpts) {
        console.log("onTabletDettaglioShow");
        this.loadLocal();

    },
```

L'altra funzionalità da implementare nel controller è la gestione dell'altra card. Vogliamo che quando si clicca su un elemento della lista sia presentata l'altra card con tutte le informazioni relative all'elemento cliccato. Si vuole la stessa funzionalità anche quando si clicca su un marker sulla mappa.

```
    prefillDetail: function(list, record) {
        this.getDetailView().getLayout().setAnimation({
            type: 'slide',
            direction: 'up'
```

```
        });

        console.log('sono onDettaglioShow');
        index = ATOApp.app.indexSelezione;

        var id =
Ext.getStore('AttrazioniStore').getAt(index).get('id');
        var name =
Ext.getStore('AttrazioniStore').getAt(index).get('name'
);
        var type =
Ext.getStore('AttrazioniStore').getAt(index).get('type'
);
        var address =
Ext.getStore('AttrazioniStore').getAt(index).get('addre
ss');
        var phone =
Ext.getStore('AttrazioniStore').getAt(index).get('phone
');
        var latitude =
Ext.getStore('AttrazioniStore').getAt(index).get('latit
ude');
        var longitude =
Ext.getStore('AttrazioniStore').getAt(index).get('longi
tude');
        var web =
Ext.getStore('AttrazioniStore').getAt(index).get('web')
;

        console.log("id = " + id);
        console.log("name = " + name);
        console.log("type = " + type);
        console.log("address = " + address);
        console.log("phone = " + phone);
        console.log("web = " + web);

        var data = {
            id: id,
            name: name,
            type: type,
            address: address,
            phone: phone,
            web:web
        };

        this.getDetailView().setActiveItem(1);
```

```javascript
this.getDetailView().getActiveItem().setData(record.get
Data());

        Ext.create('Ext.Map', {
            renderTo:
Ext.getCmp('userData').element.down('.map_tablet'),
            height: 400,
            mapOptions: {
          zoom: 15
        },

        listeners: {
                maprender: function (mapCmp, gMap) {
                    this.gmap = gMap;


navigator.geolocation.getCurrentPosition(function(posit
ion) {
                    var start = new
google.maps.LatLng(position.coords.latitude,position.co
ords.longitude);
                    console.log(start);
                    var marker = new
google.maps.Marker({
                        map: gMap,
                        position: start,
                        icon:
'resources/images/currentlocation.png'
                    });


                    var end = new
google.maps.LatLng(latitude, longitude);
                    var directionsDisplay = new
google.maps.DirectionsRenderer();
                    var directionsService = new
google.maps.DirectionsService();

                    directionsDisplay.setMap(gMap);

                    var request = {
                        origin:start,
                        destination:end,
                        travelMode:
google.maps.DirectionsTravelMode.DRIVING
                    };
```

```
directionsService.route(request,
     function(response, status) {
          if (status ==
google.maps.DirectionsStatus.OK) {

directionsDisplay.setDirections(response);
                          }
                    });

               marker.setMap(null);

          });

               var position = new
google.maps.LatLng(latitude, longitude);
               Ext.defer(function () {
                    mapCmp.setMapCenter(position);
               }, 100);

               var marker = new
                    google.maps.Marker({
                    map: gMap,
                    position: position,
                    icon:
               'resources/images/marker.png'
               });
               marker.setMap(null);


          }


     }
  })


},

  onDetailClose: function() {
       this.getDetailView().getLayout().setAnimation({
          type: 'slide',
          direction: 'down'
       });
       this.getDetailView().setActiveItem(0);
       this.getListaview().deselectAll();
  }
```

17.5.4 Filtering, Grouping e Ordinamento

Con questo paragrafo colgo l'occasione per rinfrescare i concetti di *Filtering, Grouping e Ordinamento*. L'ultima funzionalità da implementare (per questo capitolo) è relativa alla lista, vogliamo modificare l'ordinamento e il raggruppamento degli elementi della lista in base al bottone cliccato sulla toolbar in fondo alla lista. Nella view avevamo già creato due eventi custom, qui andiamo a scrivere le funzioni per la gestione. Riporto il codice:

```
setFilterName: function() {
    console.log("setFilterName");

console.log(this.getListaview().setGrouped(false));
    Ext.getStore('AttrazioniStore').sort('name');
    Ext.getStore('AttrazioniStore').load();
},
    setFilterType: function() {
    console.log("setFilterName");

console.log(this.getListaview().setGrouped(true));
    Ext.getStore('AttrazioniStore').sort('type');
    Ext.getStore('AttrazioniStore').load();
},
```

La sezione di riferimenti e controlli diventa:

```
config: {
    models: ['AttrazioneModel'],
    stores: ['AttrazioniStore'],
    views:['ATOApp.view.tablet.DetailView'],
    markers: [],

    refs: {
        'listaview': 'listaview',
        'detailView': 'detailview',
        tabletMap: 'map[name="tabletMap"]'
    },
    control: {
```

```
        tabletMap: {
            show: 'onTabletDettaglioShow'
        },
        'listaview': {
            select: 'prefillDetail'
        },
        'detailview button[action=close]': {
            close: 'onDetailClose'
        },
        'listaview toolbar button': {
            filtername: 'setFilterName',
            filterdistance: 'setFilterType'
        }


    }
},
```

A questo punto manca solo una cosa prima di testare il funzionamento dell'applicazione, inserire il controller appena creato all'interno del profilo tablet.

```
Ext.define('ATOApp.profile.Tablet', {
    extend: 'Ext.app.Profile',
    config: {
        name: 'Tablet',
        controllers: ['TabletDettaglioController'],
        views: [
            'Main',
            'Listaview',
            'DetailView',
        ]
    },
    isActive: function() {
        return Ext.os.is.Tablet || Ext.os.is.Desktop;
    },
    launch: function() {
        // Destroy the #appLoadingIndicator element
        Ext.fly('appLoadingIndicator').destroy();
        console.log('tablet');
        Ext.create('ATOApp.view.tablet.Main',
{fullscreen: true});
    }
```

```
});
```

Ora potete avviare l'applicazione e testarne il funzionamento.

17.6 Conclusioni

In questo capitolo abbiamo visto diversi concetti, primo fra tutti l'implementazione dei profili. Abbiamo approfittato di questo capitolo per inserire altri concetti come la gestione del layout card, e la gestione dell'ordinamento e raggruppamento di liste. Il capitolo è molto ricco di informazioni, riguardate, utilizzando il tempo necessario, tutto il codice prima di passare al prossimo capitolo dove impareremo a creare un popup per gestire le impostazioni di una applicazione.

18. PopUp

"È proprio quando si crede che sia tutto finito, che tutto comincia."
Daniel Pennac

In questo capitolo aggiungeremo un popup al profilo tablet. Nel popup daremo la possibilità di modificare il centro della mappa, si potrà scegliere se centrare la mappa rispetto alla posizione dell'utente o centrare la mappa in un punto ben preciso, ad esempio il centro di Torino. In questo modo se volete visualizzare le attrazioni di torino non essendo a Torino, utilizzando il popup potete centrare la mappa su Torino.

In questo capitolo vedremo :

- Come mettere bottoni sulla toolbar

- Come creare e gestire un popup

Cliccando sul tasto impostazioni in alto a destra comparirà il popup:

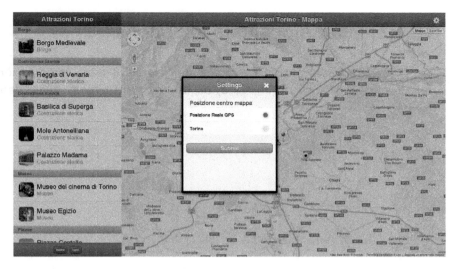

Figura 18.1 – Popup.

Selezionando l'opzione Torino, vedrete che la mappa si centrerà rispetto al centro di Torino, contrassegnato dalla bandierina verde.

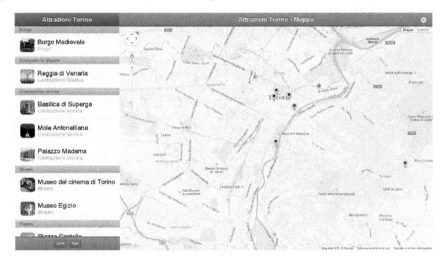

Figura 18.2 – Mappa centrata su Torino.

Se gli obiettivi sono chiari, possiamo partire!

18.1 Titlebar e gestione di buttons

In questo paragrafo vederemo come inserire il tasto impostazioni nella toolbar. Per inserire un tasto, basta creare un oggetto figlio della titlebar:

```
Ext.define('ATOApp.view.tablet.DetailView', {
    extend: 'Ext.Container',
    xtype: 'detailview',
    requires: [
        'Ext.TitleBar',
        'Ext.Button',
        'Ext.layout.Card',
        'Ext.Map',
    ],
    config: {
        layout: 'card',
        itemId: 'detailviewItemId',
        id: 'detailviewItemId',
        items: [{
                xtype: 'titlebar',
                ui: 'light',
                docked: 'top',
                title:Messages.APP_MAPVIEW_NAME,
                items: [{
                    iconCls: 'settings',
                    itemId: 'settingsbtn',
                    ui: 'plain',
                    align: 'right'
                }]
            },
...
```

18.2 Creazione della view del popup

All'interno di view/tablet create il file SettingsView.js e all'interno di questo file implementiamo il popup. Il popup deve presentarsi come in figura:

Figura 18.3 – Il Popup da realizzare.

Quindi potremmo estendere la classe Ext.form.Panel e utilizzare una titlebar con un bottone, un fieldset con due radiofield e un bottom. Di seguito il codice:

```
Ext.define('ATOApp.view.tablet.SettingsView', {
    extend: 'Ext.form.Panel',
    xtype: 'settingsview',
    requires: [
            'Ext.TitleBar',
            'Ext.form.FieldSet'
    ],
    config: {
        title: 'SettingsView',
        items: [{
                xtype: 'titlebar',
                ui: 'light',
                docked: 'top',
                title: 'Settings',
                items: [{
                        iconCls: 'delete',
                        itemId: 'close',
                        ui: 'plain',
                        align: 'right'
                }
                ]
```

```
                },

                {
                    xtype: 'fieldset',
                    title: 'Posizione centro mappa',
                    defaults: {
                        xtype     : 'radiofield',
                        labelWidth: '75%'
                    },
                    items: [
                        {
                            name : 'gps',
                            value: 'realGPS',
                            label: 'Posizione Reale GPS',
                            itemId:'realgpsItemId',
                            id:'realgpsItemId',
                            checked:true
                        },
                        {

                            name : 'gps',
                            label: 'Torino',
                            value: 'torino',
                            itemId:'torinoItemId',
                            id:'torinoItemId'
                        }
                    ]
                },

                {

                    xtype: 'button',
                    text: 'Submit',
                    action: 'submit',
                    margin: 10,
                    ui: 'confirm'
                }

            ]
        }
});
```

Prima di passare al controller del popup dobbiamo fare alcune modifiche al controller TabletDettaglioController. Quando viene mostrata la mappa (sull'evento show) bisogna centrarla rispetto al centro di Torino o alla posizione dell'utente. Ci serve una variabile globale per tenere traccia di questa impostazione. Supponiamo che di default la mappa debba essera posizionata su Torino. Create una variabile globale in app.js e impostatela al valore false:

```
realGPS: false,
```

A questo punto in TabletDettaglioController possiamo gestire la centratura della mappa sfruttamento questa variabile.

```
loadLocal: function() {

        console.log("TabletDettaglioController -->
loadLocal");
        Ext.Viewport.mask({
            xtype: 'loadmask',
            message: 'loading...'
        });

        var me = this;

Ext.getStore('AttrazioniStore').load(function(item) {
            var count =
Ext.getStore('AttrazioniStore').getCount();
            if (count < 1) {
                console.log("Non ci sono oggetti da
visualizzare")
            } else {

                var map =
Ext.ComponentQuery.query('map')[0];


if(ATOApp.app.realGPS ==true){
                // RealGPS

navigator.geolocation.getCurrentPosition(function(posit
ion) {
                var start = new
google.maps.LatLng(position.coords.latitude,position.co
ords.longitude);
                console.log(start);
                Ext.defer(function () {
                    map.setMapCenter(start);
                }, 100);
```

```
                var marker = new
google.maps.Marker({
                    map: map.getMap(),
                    position: start,
                    icon:
'resources/images/currentlocation.png'
                });

            });
}else{
            // Torino
            var latlng_center = new
google.maps.LatLng(45.076511,7.673121);

            Ext.defer(function () {
                map.setMapCenter(latlng_center);
            }, 100);

            var marker = new
                google.maps.Marker({
                map: map.getMap(),
                position: latlng_center,
                icon:
            'resources/images/torino_marker.png'
                });
}

            me.loadMarkers(map, map.getMap());
            Ext.Viewport.unmask();
        }
    });
},
```

18.3 Il controller del popup

Per gestire le impostazioni creiamo un altro controller all'interno di controller/tablet che chiamiamo TabletSettingsController.js. In questo controller dobbiamo rilevare il click sul bottone di settings, e come conseguenza del click mostrare il popup, se il popup è già visualizzato bisogna nasconderlo. La funzione che fa al caso nostro è la seguente:

```
toggleSettings: function() {
        console.log("PopUp Setting");
        if (this.getSettingsView().getHidden()) {
            this.getSettingsView().show();
        } else {
            this.getSettingsView().hide();
        }
    },
```

Dobbiamo gestire il tasto di chiusura del popup. Il tap sul tasto close lo possiamo collegare alla funzione scritta poco fà, in quanto se il popup è visualizzato, un ulteriore click lo nasconderà.

```
'settingsview #close': {
    tap: 'toggleSettings'
},
```

Instanziamo il popup nella funzione init del controller, lo settiamo a "hidden" e definiamo le animazioni di comparsa e scomparsa del popup. Provate a cambiare il tipo di animazione.

A questo punto bisogna gestire le informazioni, ossia dobbiamo acquisire quale radiofield ha cliccato l'utente e settare la variabile globale realGPS al valore corrispondente:

```
onSubmitTap: function() {
    if(Ext.getCmp('realgpsItemId').getChecked())
    {
        console.log("Hai selezionato realGps");
        ATOApp.app.realGPS=true;
    }
    else{
        console.log("Hai selezionato Torino");
        ATOApp.app.realGPS=false;
    }
```

```
init: function() {
    if (!this.overlay) {
```

```
        this.overlay = Ext.Viewport.add({
            xtype: 'settingsview',
            modal: true,
            hideOnMaskTap: true,
            centered: true,
            width: 320,
            height: 400,
            hidden: true,
            showAnimation: {
                type: 'popIn', //fadeIn, fadeOut,
popIn, popOut, flip, slideIn, slideOut,
                duration: 250,
                easing: 'ease-out'
            },
            hideAnimation: {
                type: 'popOut',
                duration: 250,
                easing: 'ease-out'
            }
        });
    }
},
```

Di seguito il codice completo del controller per analizzare i dettagli:

```
Ext.define('ATOApp.controller.tablet.TabletSettingsCont
roller', {
    extend: 'Ext.app.Controller',
    requires: [
        'ATOApp.view.tablet.SettingsView',
        'Ext.MessageBox'
    ],
    config: {
        refs: {
            'settingsView': 'settingsview'
        },
        control: {
            'detailview #settingsbtn': {
                tap: 'toggleSettings'
            },
            'settingsview #close': {
                tap: 'toggleSettings'
            },
            'settingsview': {
```

```
                show: 'showSettings'
            },
            'button[action=submit]': {
                tap: 'onSubmitTap'
            },
            'settingsview[name=toggle]': {
                togglesettingsmap:
'setToggleSettingsMap'

            }
        }
    },

    init: function() {
        if (!this.overlay) {
            this.overlay = Ext.Viewport.add({
                xtype: 'settingsview',
                modal: true,
                hideOnMaskTap: true,
                centered: true,
                width: 320,
                height: 400,
                hidden: true,
                showAnimation: {
                    type: 'popIn', //fadeIn, fadeOut,
popIn, popOut, flip, slideIn, slideOut,
                    duration: 250,
                    easing: 'ease-out'
                },
                hideAnimation: {
                    type: 'popOut',
                    duration: 250,
                    easing: 'ease-out'
                }
            });
        }
    },

    showSettings: function() {
        console.log("showSettings");
        if(ATOApp.app.realGPS==true){

Ext.getCmp('realgpsItemId').setChecked(true);

Ext.getCmp('torinoItemId').setChecked(false);
        }else{
```

```
Ext.getCmp('realgpsItemId').setChecked(false);

Ext.getCmp('torinoItemId').setChecked(true);


        }
    },

    setToggleSettingsMap: function() {
        console.log("setToggleSettingsMap");
    },

    toggleSettings: function() {
        console.log("PopUp Setting");
        if (this.getSettingsView().getHidden()) {
            this.getSettingsView().show();
        } else {
            this.getSettingsView().hide();
        }
    },

    onSubmitTap: function() {
        if(Ext.getCmp('realgpsItemId').getChecked())
        {
            console.log("Hai selezionato realGps");
            ATOApp.app.realGPS=true;
        }
        else{
            console.log("Hai selezionato Torino");
            ATOApp.app.realGPS=false;
        }




ATOApp.app.getController('ATOApp.controller.tablet.Tabl
etDettaglioController').loadLocal();
        this.getSettingsView().hide();

    }

});
```

Prima di avviare l'applicazione ricordatevi di inserire il controller TabletSettingsController e SettingsView nel profilo Tablet:

```
Ext.define('ATOApp.profile.Tablet', {
    extend: 'Ext.app.Profile',
    config: {
        name: 'Tablet',
        controllers:
['TabletDettaglioController','TabletSettingsController'
],
        views: [
            'Main',
            'Overview',
            'DetailView',
            'RatingChart',
            'SettingsView'
        ]
    },
    isActive: function() {
        return Ext.os.is.Tablet || Ext.os.is.Desktop;
    },
    launch: function() {
        // Destroy the #appLoadingIndicator element
        Ext.fly('appLoadingIndicator').destroy();
        console.log('tablet');
        Ext.create('ATOApp.view.tablet.Main',
{fullscreen: true});
    }
});
```

18.4 Conclusioni

In questo capitolo abbiamo visto come creare un popup estendendo la classe Ext.form.Panel, abbiamo inserire nel popup tutti i componenti che ci servivano per il nostro scopo e poi abbiamo scritto i controlli per gestire le funzionalità. Abbiamo imparato a sfruttare altre funzionalità sulle mappe, ad esempio come cambiare il centro della mappa. Nel prossimo capitolo impareremo ad abbellire le nostre applicazioni con Temi e Stili.

19.   Temi e Stili

"Il futuro appartiene a coloro che credono nella bellezza dei propri sogni"
Eleanor Roosevelt

Costruire una bella applicazione mobile non significa solo pensare alla qualità del codice. La maggior parte delle applicazioni di successo hanno una grande personalità, creata grazie ad un ottimo uso di colori, proporzioni, font, ecc.

Sencha Touch permette di dare un grande identità visuale alle applicazioni sfruttando i CSS. In questo capitolo vedremo come come personalizzare il look and feel delle nostre applicazioni.

19.1 Overview su temi e stili in Sencha Touch

Dalla versione 2.3 di Sencha Touch, il framework ha diversi fogli di stile che permettono di creare un design e un'esperienza utente identica a quella delle applicazioni native dei dispositivi più diffusi. Inoltre quando create una production build dell' app e la "hostate" sul Web, è comunque possibile un switcher di Sencha che permette di cambiare l'esperienza utente in base al dispositivo dal quale ci si collega alla webapp. Ad esempio è possibile fare in modo che venga usato il foglio di stile BB10 quando l'applicazione viene fruita da un BlackBerry e invece mostrare il folgio di stile di Windows quando l'applicazione e fruita da dispositivi Windows.

Nella cartella resouces/css trovate tutti i temi messi a disposizione da Sencha Touch.

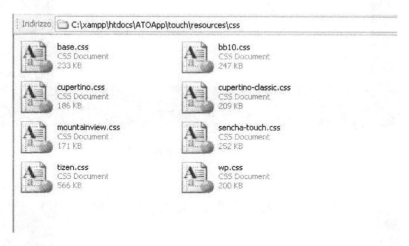

Figura 19.1 – I Temi di Sencha Touch.

Per vedere come cambia l'interfaccia utente a seconda del tema scelto potete fare un pò di prove andando a modificare i temi dell'applicazione di esempio kitchensink, di seguito le immagini di alcuni temi:

Figura 19.2 – Tema Sencha.

Figura 19.3 – Tema BlackBerry.

Figura 19.4 – Tema Cupertino.

Quindi una prima strategia per personalizzare le nostre applicazioni è quella di partire da uno dei temi visti sopra e inserire le personalizzazioni al CSS.

19.2 Sass

Sass stà per "syntactically awsome style sheets" ed è un linguaggio per estendere i CSS. Sass permette di creare fogli di stile dinamicamente, per intenderci non ci sarà bisogno di sovrascrivere classi esistenti con il noto *!imporant*.

Sass è un preprocessore, significa che i file Sass per produrre come risultato finale i CSS. Quindi come prima cosa per poter compilare i file Sass avremo bisogno di un compilatore. E' possibile compilare i file .sass usando Sass a Compass installati insieme a Ruby, se avete installato tutto il software consigliato nel primo capitolo, dovreste avere già tutto l'occorrente sulla vostra macchina. Come alternativa potete usare il comando "Sencha app build" che compilerà tutto è quindi anche i file .sass.

Sass ha due sintassi. Quella più comunemente usata è nota come SCSS (stà per Sassy CSS), è un'estensione della sintassi CSS3. Ogni foglio di stile CSS3 valido, sarà valido anche per SCSS. L'estensione dei file SCSSS è .scss. La seconda sintassi è più vecchia della prima. L'estenzione dei file SASS è .sass.

Per costruire un tema Sencha è possibile combinare la sintassi del CSS3 con le caratteristiche del Sass. Nei prossimi paragrafi vedremo come creare un tema custom con font e icone personalizzate.

Quando si genera un'applicazione Sencha Touch con Sencha Cmd, nella directory root del progetto verrà creato un file app.json.

Questo file contiene i riferimenti a file JavaScript esterni, informazioni su come gestire la cache e i riferimenti ai fogli di stile da usare.

Di default è linkato il file app.css presente nella cartella *resources/css/*. Si tratta di un css che può essere cambiato facilmente attraverso Sass.

```
"css": [
    {
        "path": "resources/css/app.css",
```

```
    "update": "delta"
}
```

19.3 Presentare un Tema diverso in base al device

E' possibile fare in modo che Sencha Touch determini la piattaforma e visualizzi le risorse corrispondenti. Nell'esempio seguente verrà mostrato un tema diverso in base al dispositivo dal quale ci si collega:

```
"css": [{
    "path": "touch/resources/css/sencha-touch.css",
    "platform": ["desktop", "firefox"],
    "theme": "Default",
    "update": "delta"
},
{
    "path": "touch/resources/css/wp.css",
    "platform": ["ie10"],
    "theme": "Windows",
    "update": "delta"
},
{
    "path": "touch/resources/css/bb10.css",
    "platform": ["blackberry"],
    "theme": "Blackberry",
    "update": "delta"
},
{
    "path": "touch/resources/css/cupertino.css",
    "platform": ["ios"],
    "theme": "Cupertino",
    "update": "delta"
},
{
    "path": "touch/resources/css/mountainview.css",
    "platform": ["android"],
    "theme": "MountainView",
    "update": "delta"
},
{
```

```
        "path": "touch/resources/css/tizen.css",
        "platform": ["tizen"],
        "theme": "Tizen",
        "update": "delta"
    }
],
```

19.4 Creazione del proprio tema

Quando viene generata un'applicazione con Sencha Cmd verrà generato anche un tema vuoto. Potete trovare questo tema in resources/sass e il suo nome è app.scss. Sempre nella cartella sass potete trovare il file config.rb, questo file contiene una serie di percorsi all'interno del framework dove trovare risorse come css, immagini, ecc. Nella cartella *resources/stylesheets/fonts* potete trovare i fonts usati dall'applicazione.

```
# Get the directory that this configuration file exists
in
dir = File.dirname(__FILE__)

# Load the sencha-touch framework automatically.
load File.join(dir, '..', '..', 'touch', 'resources',
'themes')

# Compass configurations
sass_path = dir
css_path = File.join(dir, "..", "css")

# Require any additional compass plugins here.
images_dir = File.join(dir, "..", "images")
output_style = :compressed
environment = :production
```

Il tema vuoto invece si presenta così:

```
// The following two lines import the default Sencha
Touch theme. If you are building
// a new theme, remove them and the add your own CSS on
top of the base CSS (which
// is already included in your app.json file).
```

```
@import 'sencha-touch/default';
@import 'sencha-touch/default/all';

// Custom code goes here..

// Examples of using the icon mixin:
// @include icon('user');
```

Il codice sopra importa le variabile sass e i mixins dalla cartella default di resources, che si trova in *touch\resources\themes\stylesheets\sencha-touch\default*.

Prima di questi import, possiamo definire le nostre variabile custom, style e mixins.

Dopo aver modificato questo file dovremo compilarlo per vederne gli effetti, dalla cartella resources/sass dovrete lanciare il comando:

sencha ant sass

Oppure potete usare sencha app watch che ad ogni modifica della vostra applicazione fa una build ricompilando anche i file sass.

Se lo stile che si intendete dare alla vostra applicazione è più vicino ad un altro tema tra quelli presenti nella cartella *touch\resources\themes\stylesheets\sencha-touch*, ad esempio Windows, BlackBerry, ecc, potete estendere quel tema anziché il tema di default.

Ad esempio per estendere il tema Windows partirete da:

```
@import 'sencha-touch/windows';
@import 'sencha-touch/windows/all';
```

O se intendete estendere il tema BlackBerry partirete da:

```
@import 'sencha-touch/bb10';
@import 'sencha-touch/bb10/all';
```

Per personalizzare un tema si può partire con il modificare le variabili css globali. Per sapere quali sono tutte le variabili css globali fate riferimento a http://docs.sencha.com/touch/2.4/2.4.1-apidocs/#!/api/Global_CSS

Ad esempio cambiando il valore di base-color, definirete un nuovo colore principale per il tema.

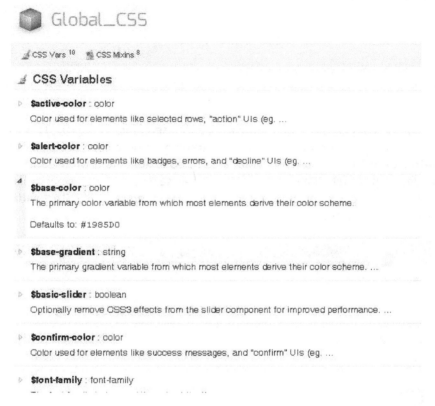

Figura 19.5 – Variabili CSS Global.

Proviamo a modificare questa variabile sulla nostra applicazione per iniziare a prendere confidenza con il processo. Scegliamo di compilare con sencha app watch, quindi aprite un prompt dei comandi entrate nella cartella principale dell'applicazione e lanciate il comando sencha app watch. Lasciate aperta la finestra e andiamo a modificare il file del app.scss. Prima di iniziare premetto che in questo capito vedremo gli aspetti di Sass che ci serviranno per modificare la presentazione della nostra applicazione e gli aspetti connessi con Sencha Touch, non sarà esaustivo, per apprifondire il linguaggio sass rimando ad una quida online: http://sass-lang.com/guide .

Bene, Fatta la doverosa premessa è ora di partire. Aprite il file app.scss e modificatelo come segue:

```
$base-color: rgba(101,31,33,1);

@import 'sencha-touch/default';
@import 'sencha-touch/default/all';
```

Abbiamo inserito solo una nuova riga $base-color: rgba(101,31,33,1); nella quale abbiamo definito il colore granata come colore principale. Se tutto ha funzionato a dovere nella finestra dove avete lanciato il comando sencha app watch dovreste vedere che al salvataggio del vostro file è partito un processo di compilazione. Quindi a voi non rimane altro andare a vedere il risultato:

Figura 19.6 – Vista dell'applicazione con la variabile base-color modificata.

Potete anche definire delle variabili all'interno di *app.scss*:

```
$granata: rgba(101,31,33,1);
```

```
$base-color: $granata;

@import 'sencha-touch/default';
@import 'sencha-touch/default/all';
```
Provate a sperimentare con modificando valori di altre variabili globali.
Altre variabili css che possiamo modificare per creare il tema obiettivo sono le variabili css proprie dei componenti. Nella nostra applicazione abbiamo usato una lista, se vogliamo modificare l'aspetta di questa lista possiamo partire facendo riferimento alle sue variabile css che troviamo definite all'indirizzo: http://docs.sencha.com/touch/2.4/2.4.2-apidocs/#!/api/Ext.dataview.List e poi navigando CSS Vars. Possiamo modificare alcuni paramentri della lista come segue:

```
$granata: rgba(101,31,33,1);
$base-color: $granata;


// LISTS
$list-bg-color: #F0F0F0;
$list-color:$granata;

@import 'sencha-touch/default';
@import 'sencha-touch/default/all';
```

Ad esempio se volete personalizzare una lista, potete andare a modificare le varibile css di quest'oggetto, le trovate http://docs.sencha.com/touch/2.4/2.4.1-apidocs/#!/api/Ext.dataview.List

```
$granata: rgba(101,31,33,1);
$base-color: $granata;


// LISTS
$list-bg-color: #F0F0F0;
$list-color:$granata;

@import 'sencha-touch/default';
@import 'sencha-touch/default/all';
```

Possiamo ancora andare a sovrascrivere con del codice costum gli oggetti css dei componenti. Supponiamo di voler cambiare il colore del testo dei gruppi (Borgo, Costruzione storica, ..), nella sezione che inizia con "Custom code goes here .." adiamo a sovrascrivere la proprietà:

```scss
$granata: rgba(101,31,33,1);
$base-color: $granata;


// LISTS
$list-bg-color: #F0F0F0;
$list-color:$granata;

@import 'sencha-touch/default';
@import 'sencha-touch/default/all';

// Custom code goes here..
.x-list-normal .x-list-header{
    color: #ffffff;
}
```

Con i concetti visti fin qua potete modificare molte cose del tema, nei prossimi paragrafi vedremo come modificare fonts e icone.

19.5 Inserire dei font personalizzati

Per inserire font personalizzato nel tema il primo passo e avere il font. Il font può avere diverse estensioni, eot, woff, ttf, svg. Se per il vostro font avete le diverse estensioni li potete collegare così dal file app.scss, supponendo che il vostro font si chiami torino:

```scss
@font-face {
  font-family: 'torino';
  src: url(' myfonts/torino.eot'),
       url(' myfonts/torino.woff') format('woff'),
       url(' myfonts/torino.ttf') format('truetype'),
       url(' myfonts/torino.svg') format('svg');
  font-weight: normal;
  font-style: normal;
}
```

Vediamo di mettere in pratica quello che abbiamo imparato. Per scegliere un font per la vostra applicazione potete scegliere nei tanti siti di font gratuiti come ad esempio http://www.1001freefonts.com/, ma ci sono moltissimi altri. Scegliete quello che più si adatta alla vostra applicazione e scaricatelo.

Dopo averlo scaricato mettetelo in una cartella resources\css\myfont

A questo punto dobbiamo linkarlo e utilizzarlo nel nostro css (app.scss che una volta compilato diventerà app.css e verrà copiato in resources\css). Di seguito il file app.scss.

```
@font-face {
  font-family: 'torino';
  src: url('myfont/torino.ttf') format('truetype');
  font-weight: bold;
  font-style: normal;
}

$granata: rgba(101,31,33,1);
$base-color: $granata;


// LISTS
$list-bg-color: #F0F0F0;
$list-color:$granata;

@import 'sencha-touch/default';
@import 'sencha-touch/default/all';

// Custom code goes here..
.x-list-normal .x-list-header{
    color: #ffffff;
}

.x-title .x-innerhtml {
  font-family: torino;
  line-height: 1em;
  font-size: 1.7em;
}
```

Nell'applicazione il font personalizzato è stato usato per la classe x-title e x-innerhtml. Ricordate di compilare ad esempio usando sencha app watch. Il risultato che dovreste vedere dovrebbe essere il seguente:

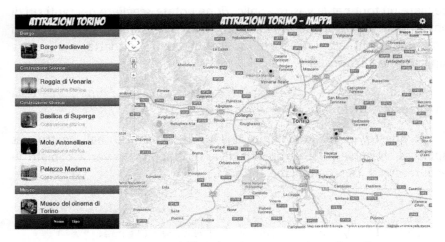

Figura 19.7 – Vista dell'applicazione con tema personalizzato.

19.6 Ottimizzare il foglio di stile per migliorare le prestazioni

Quando si inizia a creare un tema personalizzato la dimensione del CSS può crescere molto facilmente, e questo aspetto si riflette negativamente sulle performance dell'applicazione. L'obiettievo è ridurre per quanto possibile le dimensioni dell'applicazione. Teniamo sempre a mente che la web app è fruita soprattutto da terminali mobile che solitamente sfruttano una connessione dove ogni byte è importante.

Minimizzare il foglio di stile

Una prima cosa che si può fare per ridurre il CSS è quella di impostare l'opzione :compressed. Il risultato sarà un testo di difficile lettura perché non conterrà spazi di separazione, via scelta la rappresentazione minima per i colori, vengono rimossi i commenti ecc.. ma le dimensioni del file saranno minori rispetto al CSS non compresso. L'opzione và inserita nel file config.rb che si trova nella cartella *resources/sass/*

```
# Get the directory that this configuration file exists
in
dir = File.dirname(__FILE__)

# Load the sencha-touch framework automatically.
load File.join(dir, '..', '..', 'touch', 'resources',
'themes')

# Compass configurations
sass_path = dir
css_path = File.join(dir, "..", "css")

# Require any additional compass plugins here.
images_dir = File.join(dir, "..", "images")
output_style = :compressed
environment = :production
```

Importare solo i Mixins necessari

Un altro accorgimento che ci può far ridurre le dimensione della nostra applicazione è quello di di non importare tutti i mixins del framework. Solitamente la nostra applicazione non andrà ad usare tutti i componenti e relativi mixins offerti dal framework, quindi possiamo pensare di importare solo i mixins dei componenti che effettivamente stiamo usando nella nostra applicazione.

Nel file app.scss al momento stiamo importando tutti i componenti del framework per il fatto che stiamo usando le seguenti righe:

```
@import 'sencha-touch/default';
@import 'sencha-touch/default/all';
```

Condiviso il fatto che è meglio importare quello che ci serve, il passo successivo è come faccio a sapere cosa importare ? Una tecnica che potete usare è quella di avviare "sencha app watch" in modo da tenere sotto controllo se qualche compilazione fallisce per le modifiche che andremo a fare di seguito. Commentate la seconda riga sopra e inserite la lista dei componenti dichiarata esplicitamente.

A questo punto probabilmente vi starete facendo la seguente domanda: Dove trovo la lista di questi componenti ? Dovete andare a cercare il file "_all.scss" all'interno del framework e precisamente in questa cartella:

resources\themes\stylesheets\sencha-touch\default\src

Fate attenzione al fatto che stiamo cercando nella cartella di "default" perchè siamo partiti ad estendere quel tema. Dovreste trovarvi una lista come la seguente:

```scss
@import 'Class';
@import 'Button';
@import 'Panel';
@import 'Sheet';
@import 'MessageBox';
@import 'Toolbar';
@import 'Toast';
@import 'Menu';
@import 'carousel/Carousel';
@import 'form/Panel';
@import 'form/FieldSet';
@import 'field/Field';
@import 'field/Checkbox';
@import 'field/Radio';
@import 'field/Search';
@import 'field/Select';
@import 'field/Slider';
@import 'field/Spinner';
@import 'field/TextArea';
@import 'dataview/IndexBar';
@import 'dataview/List';
@import 'picker/Picker';
@import 'plugin/ListPaging';
@import 'plugin/PullRefresh';
@import 'slider/Slider';
@import 'slider/Toggle';
@import 'tab/Panel';
```

E' questa la lista che ci serve, per utilizzarla all'interno di app.scss dovremo mettere dei path che identificano anche il tema. La lista diventerà così:

```scss
@import 'sencha-touch/default/src/_Class.scss';
@import 'sencha-touch/default/src/_Button.scss';
```

```scss
@import 'sencha-touch/default/src/_Panel.scss';
@import 'sencha-touch/default/src/_Sheet.scss';
@import 'sencha-touch/default/src/_MessageBox.scss';
@import 'sencha-touch/default/src/_Toolbar.scss';
@import 'sencha-touch/default/src/_Menu.scss';
@import 'sencha-touch/default/src/carousel/_Carousel.scss';
@import 'sencha-touch/default/src/form/_Panel.scss';
@import 'sencha-touch/default/src/form/_FieldSet.scss';
@import 'sencha-touch/default/src/field/_Field';
@import 'sencha-touch/default/src/field/_Checkbox.scss';
@import 'sencha-touch/default/src/field/_Radio.scss';
@import 'sencha-touch/default/src/field/_Search.scss';
@import 'sencha-touch/default/src/field/_Select.scss';
@import 'sencha-touch/default/src/field/_Slider.scss';
@import 'sencha-touch/default/src/field/_Spinner.scss';
@import 'sencha-touch/default/src/field/_TextArea.scss';
@import 'sencha-touch/default/src/dataview/_IndexBar.scss';
@import 'sencha-touch/default/src/dataview/_List.scss';
@import 'sencha-touch/default/src/picker/_Picker.scss';
@import 'sencha-touch/default/src/plugin/_ListPaging.scss';
@import 'sencha-touch/default/src/plugin/_PullRefresh.scss';
@import 'sencha-touch/default/src/slider/_Slider.scss';
@import 'sencha-touch/default/src/slider/_Toggle.scss';
@import 'sencha-touch/default/src/tab/_Panel.scss';
```

Inserite questa lista in app.scss e verificate che la compilazione vada a buon fine. Se fin qui è andato tutto bene, iniziate a commentare le righe dei componenti che secondo voi non usate e procedete avanti così verificando che volta che la compilazione avvenga sempre con successo. Al termine di queste operazioni vi ritroverete solo in mixins dei componenti che effettivamente servono alla vostra applicazione.

19.7 Conclusioni

In questo capitolo abbiamo visto diverse tecniche per personalizzare e ottimizzare le applicazioni sviluppate con Sencha Touch. Ormai siete in grado di creare una applicazione Sencha Touch già con un bel grado di complessità. Nel prossimo capitolo vedremo diverse strade per creare un pacchetto nativo da poter installare sulle più diffuse piattaforme mobile: Apple iOS, Android e Windows Phone.

20. Creare un
pacchetto nativo

"L'esperienza è il tipo di insegnante più difficile. Prima ti fà l'esame, e poi ti spiega la lezione."

Arrivati a questo punto abbiamo sviluppato la nostra applicazione e dovreste aver acquisito le conoscenze necessaria per progettare e implementare un webapp tutta vostra partendo da una vostra idea. Ci manca l'ultimo punto per chiudere il cerchio, la creazione di un pacchetto nativo partendo dall'app fin qui sviluppata. Supponiamo di voler distribuire la nostra app su Google Play, su App Store o sugli store di Microsoft e BlackBerry, abbiamo bisogno dei pacchetti nativi per ciascuno store.

Per creare un pacchetto nativo partendo da codice sviluppato in Sencha Touch si possono usare tre prodotti e diversi metodi:

- Sencha Mobile Packager

- Adobe PhoneGap

- Apache Cordova

Tutti i prodotti sopra elencati sono supportati dalle API si Sencha che permettono di accedere alle risorse hardware. Vediamo le differenze tra le diverse soluzioni.

Di seguito vedremo diverse metodologie per creare pacchetti nativi sfruttando gli strumenti elencati sopra e vedremo come creare i nostri pacchetti nativi anche senza avere installatto l'sdk del sistema operativo per il quale vogliamo creare l'applicazione. Ossia vedremo come creare un app per iOS senza avere un Mac e relativo sdk (xCode) installati, discorso equivalente per le altre piattaforme. Ma penso che non vediate l'ora di produrre il vostro pacchetto da distribuire o da consegnare ai clienti, quindi passiamo subito alla pratica andando a scoprire le opportunità a disposizione.

20.1 Build dell'applicazione

Per creare il pacchetto nativo dovremo passare in tutti i casi dalla build dell'applicazione. Abbiamo già visto come fare la build production, di seguito aggiungerò altri concetti che vi saranno utili quando vorrete combiare le icone o gli splash screen di default, vorrete aggiungere cartelle aggiuntive e risorse aggiuntive.

20.1.1 Gestione di icone e splash screen

Qualsiasi opzione di build si sceglie il package conterrà una cartella "resources" con le icone, gli splash screen e le loading images. Di default queste immagini mostrano il logo di Sencha. I nomi delle immagini di default sono iOS-device oriented. Apple infatti ha una speciale convenzione sui nomi per icone e startup splash screen. Guardate lo screenshot sotto della cartella che contiene le icone di startup. Potete notare che le altezze delle immagini sono pari all'altezza del device, meno 20px che corrispondono all'altezza della status bar. Quindi un iPad che ha una risoluzione 768x1024 le dimensione dello splash screen devono essere 768x1004 in modalità portrat.

Figura 20.1 – Risorse per startup.

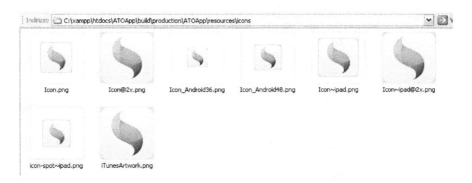

Figura 20.2 – Icone.

20.1.2 Aggiungere altre cartelle al pacchetto di build

A volte per la nostra applicazione abbiamo bisogno di creare delle cartelle extra in aggiunta a quelle standard previste dal framework. Nella nostra applicazione abbiamo la cartella lang e data che sono esterne al framework. Sencha Cmd non è ha informazioni su queste cartelle, quindi non la potrà gestire nel processo di build. Un workaround può essere quello di copiare manualmente a valle del processo di build le cartelle mancanti, ma di seguito vediamo come farlo in automatico. Per informare Sencha Cmd dell'esistenza di questa cartella dovremo accodare il path della nostra cartella aggiuntiva alla variabile *app.classpath* presente nel file *./sencha/app/sencha.cfg*

```
app.classpath=${app.dir}/app.js, ${app.dir}/app ,
${app.dir}/lang, ${app.dir}/data
```

Scegliete la strada che preferite in base alle vostre necessità

20.1.3 Aggiungere risorse extra al pacchetto di build

In altre situazioni si potrebbe avere la necessità di aggiungere
resources extra al pacchetto e quindi vorremmo informare Sencha Cmd
delle loro presenza e del fatto che devono essere incluse. Per raggiungere
l'obiettivo si posssono aggiungere le cartelle aggiuntive nell'array
resources presente nel file *app.json*. Di default l'array *app.json* contiene i
seguenti elementi:

```
/**
 * Extra resources to be copied along when build
 */
"resources": [
    "resources/images",
    "resources/icons",
    "resources/startup"
],
```

In questo array dovremo aggiungere le cartelle extra.

20.2 Compilare l'applicazione con Sencha Cmd (la production build)

La production build sarà il pacchetto di dimensioni ridotte che
copieremo sul web. Per produrre la production build, aprite un terminale
dei comandi, entrate nella cartella root dell'applicazione e lanciate il
comando:

sencha app build production

Ricordatevi che se non avete configurato il file sencha.cfg per copiare le cartelle data e lang in automatico nella cartella della build, dovrete fare manualmente questa operazione di copia e incolla.

Se il processo di build è andato a buon fine verificate che la vostra applicazione ottimizzata funzioni correttamente richiamandola dal browser:

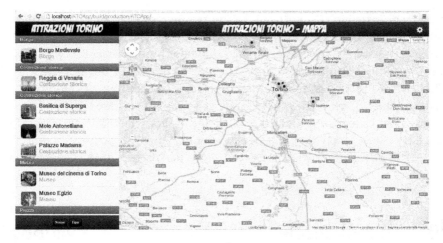

Figura 20.3 – Applicazione ottimizzata.

20.3 Sencha Mobile Packager

Usa il file packager.json per impacchettare l'applicazione Sencha Touch per iOS o Android. Il pacchetto potrà poi essere distribuito attraverso Apple App Store o Google Play. Per arrivare alla costruzione del pacchetto è necessario avere installato sulla macchina di build l'sdk della piattaforma target. Quindi se avete intenzione di creare un pacchetto da distribuire su Google Play dovrete avere installato sulla vostra macchina di sviluppo Android Developer Tools e se invece volete creare un pacchetto da distribuire su Apple App Store sarà necessario avere Xcode per lo sviluppo iOS.

20.4 Apache Cordova

Apache Cordova è la versione open source di Adobe PhoneGap. Attraverso Cordova è possibile creare dei pacchetti nativi da distribuire su Android Marketplace, BlackBerry App World, Windows Phone Store, o Apple App Store. Siccome il processo di build avviene localmente avrete bisogno di installare l'sdk di ciascun ambiente per il quale volete creare l'applicazione, quindi avrete bisogno di XCode (per iOS development), Android Developer Tools (per Android development), BlackBerry 10 SDK (per BlackBerry 10 development), Tizen SDK (per Tizen development), o Windows 8 Pro con Visual Studio (per Windows Phone development). Chiarito questo aspetto vedremo di seguito il processo di build con Cordova nel caso di Android. Negli altri casi è molto simile. Nel paragrafo successivo vedremo come attraverso PhoneGap sarà possibile creare i pacchetti per le differenti piattaforme senza installare niente sulla propria macchina di sviluppo.

20.5 Impostazione dell'ambiente di sviluppo Android-Based

Come ambiente di sviluppo usare Eclipse, ma se avete Android Studio usate senza problemi Android Studio.

Avviare un progetto Eclipse con Cordova su Android

1. Scaricare Apache Cordova da http://cordova.apache.org/ e estraetelo in una cartella, ad esempio C:\sencha-touch-power\software\cordova-2.9.1. Successivamente faremo riferimento a questa cartella attraverso: CORDOVA_HOME.

2. Andate nella cartella CORDOVA_HOME e estrate i seguenti file compressi:

- cordova-android: Questa è la libreria per le applicazioni Android che permette di creare progetti Cordova-based per le piattaforme Android

- cordova-cli: Questo è il tool command-line tool per il build, il deploy, e la gestione delle applicazioni Cordova-based.

- cordova-js: E' un layer JavaScript per i progetti Cordova-based

Creazione di un progetto Android Cordova-based

1. Dal command prompt entrate nella cartella: <CORDOVA_HOME>\cordova-android\bin

2. Creiamo il nostro progetto utilizzando il comando:

   create   c:\sencha-touch-power\projects\SenchaCordova com.senchapower.book SenchaCordova

   Dovreste vedere il seguente output del prompt dei comandi:

Figura 20.4 – Creazione di un processo con cordova.

La sintassi del comando è la seguente:

create <project folder> <default package> <project name>

3. Verrà creata una cartella *SenchaCordova* all'interno della cartella *projects*

La cartella contiene il filesystem mostrato nell'immagine di seguito:

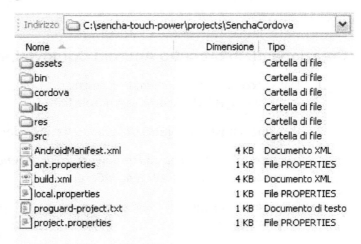

Nome ▲	Dimensione	Tipo
assets		Cartella di file
bin		Cartella di file
cordova		Cartella di file
libs		Cartella di file
res		Cartella di file
src		Cartella di file
AndroidManifest.xml	4 KB	Documento XML
ant.properties	1 KB	File PROPERTIES
build.xml	4 KB	Documento XML
local.properties	1 KB	File PROPERTIES
proguard-project.txt	1 KB	Documento di testo
project.properties	1 KB	File PROPERTIES

Figura 20.5 – Creazione di un processo con cordova.

Si tratta della classica struttura di cartelle di un progetto Android.

4. Avviate Eclipse usando come workspace la cartella *C:\sencha-touch-power\workspace*

5. Importate il progetto appena creato. Cliccate sul menu **File** e selezionate **Import**. All'interno della sezione **Android** selezionate **Existing Android Code Into Workspace**

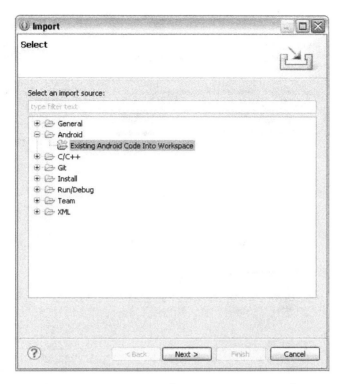

Figura 20.6 – Creazione di un processo con cordova.

6. Cliccate sul bottone **Next**; Questo vi porterà nella finestra **Import Projects**. Cliccate sul bottone **Browse...** e cercate nel vostro filesystem il progetto *SenchaCordova* (*C:\sencha-touch-power\projects\SenchaCordova*) creato al passo 2 di questo paragrafo.

Figura 20.7 – Import del progetto.

7. Cliccate su Finish e sarete nella finestra del progetto.

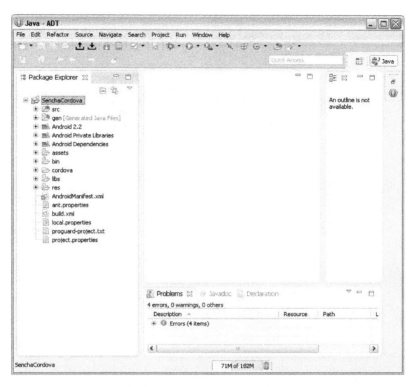

Figura 20.8 – Il progetto importato.

NOTA : Se avete degli errori all'interno del file *AndroidManifest.xml* dopo l'importazione del progetto (come nell'immagine sopra), probabilmente questi sono dovuti alla piattaforma impostata all'interno di eclipse.

error: No resource identifier found for attribute 'xlargeScreens' in package 'android'

error: No resource identifier found for attribute 'hardwareAccelerated' in package 'android'

error: No resource identifier found for attribute 'hardwareAccelerated' in package 'android'

error: Error: String types not allowed (at 'configChanges' with value 'orientation|keyboardHidden|keyboard|screenSize|locale').

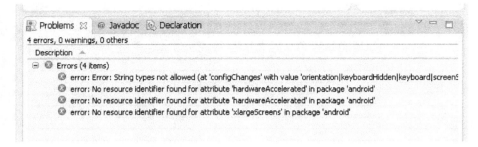

Figura 20.9 – Errori sull'import del progetto.

Per risolvere gli errori sopra: Cliccate con il tasto destro sul nome del progetto SenchaCordova e Selezionate **Properties**

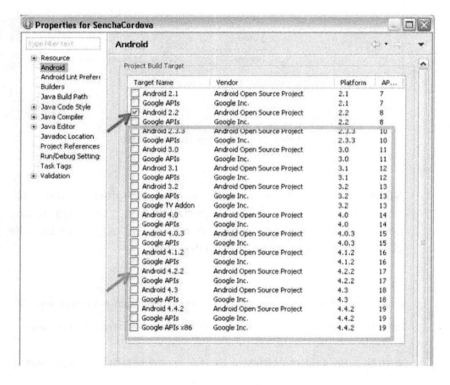

Figura 20.10 – Piattaforme Android.

Il problema è relativo al fatto che per alcune features di Cordova è necessaria un versione dell'SDK di Android superiore alla 8. Quindi selezionate una versione di API successiva e nel file *AndroidManifest.xml* modificate la versione del minSdkVersion da 8 a 10.

<uses-sdk android:minSdkVersion="10"
android:targetSdkVersion="19"/>

Inoltre come suggerito da Eclipse per eliminare I warning:

- spostate la riga

<uses-sdk android:minSdkVersion="10"
android:targetSdkVersion="19"/>

    prima del tag *application*

- all'interno del tag application inserite:

    android:allowBackup="true"

Questo vi permetterà di eliminare anche il secondo warning:

Should explicitly set android:allowBackup to true or false (it's true by default, and that can have some security implications for the application's data)

8. All'interno del progetto Android il layer Cordova si trova nella cartella asset:

Figura 20.11 – Il layer Cordova nel progetto Android.

9. Verifichiamo che tutto funzioni, facendo il deploy sull'emulatore Android:

   1. Avviate l'emulatore. **Window | Android Virtual Device Manager**.

   2. Selezionate **Android Virtual Device Manager** , se non avete nessun virtual device createne uno cliccando sul tasto **New...** Gli screenshot proposti di seguito si riferiscono ad un dispositivo con le seguenti caratteristiche:

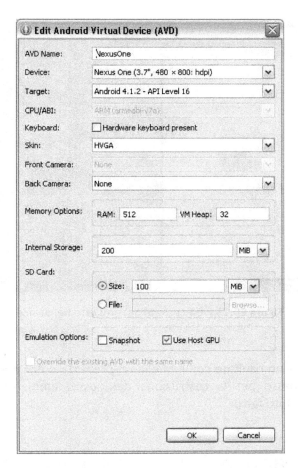

Figura 20.12 – Setting del device virtuale.

3. Avviate l'applicazione sul device virtuale. Ritornate sul progetto. Cliccate con il tasto destro sul nome del progetto e selezionate **Run As** e quindi su **Android Application**

Figura 20.13 – Esecuzione del progetto nel device virtuale.

Se ottenete un risultato come quello rappresentato dall'immagine sopra il primo passo per la costruzione del nostro ambiente di sviluppo android è stato fatto.

20.6 Creazione di un progetto Android/Sencha usando Cordova

Se siete riusciti a completare senza problemi il paragrafo precedente siamo già a buon punto. Riprendete il progetto completato in precedenza, se avete avuto problemi potete usare il progetto che trovate nel codice di esempio.

Obiettivo: Inserire un'applicazione Sencha Touch all'interno di un progetto Android, compilarlo ed eseguirlo su target Android.

1. Il progetto Sencha Touch sarà la nostra applicazione ottenuta dopo la build.

2. Seguite i passi visti nel paragrafo precedente e create un progetto Android basato su Cordova chiamato ATOApp.

create c:\sencha-touch-power\projects\ATOApp it.appacademy.atoapp ATOApp

Importate il progetto in Eclipse:

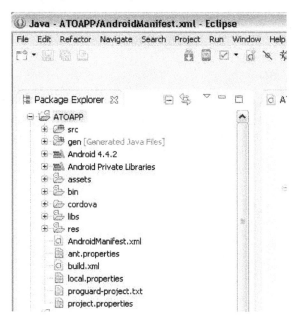

Figura 20.14 – Il progetto Sencha Touch importato in Android.

3. All'interno della cartella *assets/www* cancellate tutti i file tranne *cordova.js*

4. Copiate il contenuto della cartella di build della'applicazione all'interno della cartella assets/www

5. Nella cartella assets/www, aprite il file index.html e aggingente il riferimento al layer Cordova

```html
<!DOCTYPE html>
<html>
<head>
...
    <script type="text/javascript"
src="cordova.js"></script>
</head>
<body>
    <div id="appLoadingIndicator">
        <div></div>
        <div></div>
        <div></div>
    </div>

</body>
</html>
```

6. Salvate il file index.html. All'interno di Eclipse fate un Refresh del progetto. Dovreste trovarvi la seguente struttura di cartelle:

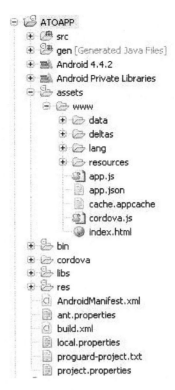

Figura 20.15 – Filesystem del progetto.

7. Modifichiamo il valore della variabile loadUrlTimeoutValue per evitare problemi di timeout. All'interno di Eclipse aprite ATOApp.java e impostate la variabile loadUrlTimeoutValue come segue:

```
super.setIntegerProperty("loadUrlTimeoutValue",
100000);
```

```
package it.appacademy.atoapp;

import android.os.Bundle;
import org.apache.cordova.*;
```

```
public class ATOAPP extends DroidGap
{
    @Override
    public void onCreate(Bundle
savedInstanceState)
    {
        super.onCreate(savedInstanceState);
        // Set by <content src="index.html" /> in
config.xml

super.setIntegerProperty("loadUrlTimeoutValue",
100000);
        super.loadUrl(Config.getStartUrl());

//super.loadUrl("file:///android_asset/www/index.h
tml")
    }
}
```

8. Avviate l'applicazione sul device virtuale. Ritornate sul progetto. Cliccate con il tasto destro sul nome del progetto e selezionate **Run As** e quindi su **Android Application**

     9. Risultato:

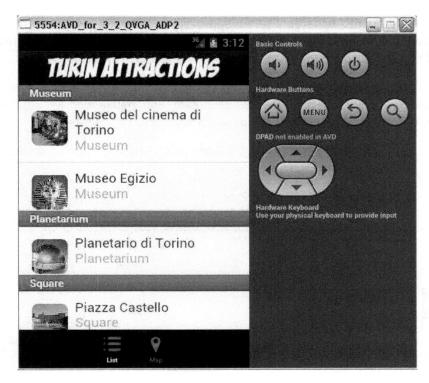

Figura 20.16 – L'applicazione nel device virtuale.

A questo punto siamo in grado di sviluppare, fare il deploy e testare la nostra applicazione Sencha Touch su un Target Android. Nella sezione successiva vedremo come creare tutti i pacchetti utilizzando PhoneGap e senza avere installato nessun sdk.

20.7 Adobe PhoneGap

Adobe PhoneGap è un prodotto commerciale che può essere usato in due modalità. E' possibile fare la build localmente, questo richiede l'installazione degli SDK necessari oppure può essere usato in modalità cloud. Con il secondo approccio non sarà necessario installare nessun SDK localmente.

Per quanto riguarda il primo approccio non cambia molto rispetto a quando visto nella descrizione della build con Cordova. Per questo motivo di seguito mi concentrerò sull'utilizzo di PhoneGap in modalità cloud.

La versione free di PhoneGap permette di generare una sola app privata. Con PhoneGap è possibile creare app native per le seguenti piattaforme: iOS, Android, Windows, BlackBerry, HP, Symbian.

Il primo passo è quello di creare un account: https://build.phonegap.com/people/sign_in

Dopo aver fatto la registrazione vi trovate nella seguente pagina:

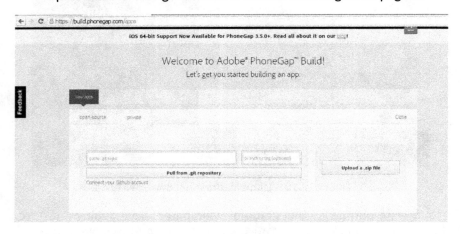

Figura 20.17 – Phonegap.

Da questa pagina potete scegliere la modalità che preferite per fare l'upload del progetto. Le opzioni sono due, la prima consiste nell'inserire l'url del repository del progetto su github, la seconda consiste nel fare l'upload del progetto attraverso un file zip.

Scelgo di caricare il progetto nel formato zip. Quindi converto in zip la cartella in produzione del progetto e carica ATOApp.zip.

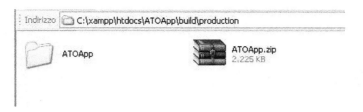

Figura 20.18 – Cartella production.

Una volta che il progetto è stato caricato, date un nome e poi cliccate su "Ready to Build". In pochi minuti avrete tre applicazioni native , una per iOS, una per Android e una per Window 8.

Figura 20.19 – Le applicazioni generate da Phonegap.

Cliccando sulle icone delle piattaforme potrete scaricare l'applicazione pronta da compilata e pronta per gli store. Come potete vedere dall'immagine precedente il processo di build per iOS è terminato con un errore. Il motivo è che bisogna fornire la "signing key" affinchè il processo vada a buon fine. Potete seguire questo tutorial **http://docs.build.phonegap.com/en_US/signing_signing-ios.md.html** passo passo per ottenerla e una volta ottenuta vi basterà ricompilare.

A questo punto avrete la vostra applicazione compilata per iOS, Android e Windows Phone.

20.8 Conclusioni

Potete testare l'applicazione sui dispositivi virtuali installati sulla vostra macchina o installarla direttamente sul vostro smartphone e tablet anche per analizzare se la gestione dei profile che abbiamo fatto funziona come ci aspettiamo. Abbiamo visto le basi di Sencha Touch, il sistema dei layout, gli eventi e le classi. Una volta appresi i concetti necessari ci siamo lanciati nello sviluppo di un app introducendo concetti nuovi che abbiamo messo subito in pratica. Abbiamo visto come interagire con dei servizi remoti, abbiamo usato il protocollo JSONP per scaricare le attrazioni e abbiamo visto un po' di concetti sulle mappe di Google. Come centrare una mappa, e come rappresentare il percorso tra due punti. Poi siamo passati alla realizzazione di un tema personalizzato usando Sass e finalmente abbiamo visto sia la production build sia la native build.

E' arrivato il momento dei saluti. Con le conoscenze acquisite dovreste essere in grado di creare una vostra applicazione basata su Sencha Touch e da qui scegliere di usarla come web app o creare un app per Android o per iOS . Spero di rivedervi sugli app store.

Appendice 1: Download

del codice sorgente

Per scaricare il codice sorgente degli esempi andate alla seguente pagina:

http://www.appacademy.it/download/sviluppare-web-app-con-sencha-touch-source-code/

Usate il codice sotto riportato :

VKrOjpo4Wp

Appendice 2: Contatti

Continua ad imparare nuovi concetti di programmazione su www.appacademy.it

Canali per rimanere in contatto

Se vuoi contattarmi o semplicemente rimanere in contatto puoi usare il canale che preferisci:

linkedin: it.linkedin.com/in/cosimopalma

email: cosimopalma@appacademy.it

facebook: www.facebook.com/appacademy.it/

twitter: https://twitter.com/AppAcademyIT

Buona programmazione !!

www.ingramcontent.com/pod-product-compliance
Lightning Source LLC
Chambersburg PA
CBHW071407050326
40689CB00010B/1786